# 股票投资者
# 进阶之路

## 行业分析

李晨光◎著

中国铁道出版社有限公司

CHINA RAILWAY PUBLISHING HOUSE CO., LTD.

## 内 容 简 介

　　无论投资股票或是基金，抑或其他产品，投资的本质都是用今天的钱来获取明天的收益。盈利的核心都是对未来行业变迁与发展进行预判，作为普通投资者如何做出准确预判呢？如何从全局视角看准股市的规律？最有效的方式是对不同行业和社会发展进行分析，发现即将发生的投资机会并将其牢牢地抓住。其中，行业分析是对上市公司进行分析的前提，也是连接宏观经济和上市公司的分析桥梁，更是基本分析的重要环节。在书中为大家分享自己从业多年的行业分析逻辑，希望帮助读者建立一套属于自己的投资体系。

　　本书适合股票市场的新手小白，也适合从事股票市场交易的老手，普通投资者可将本书作为借鉴和参考，或是相互切磋的媒介。

**图书在版编目（CIP）数据**

股票投资者进阶之路. 行业分析 / 李晨光著 . —北京：中国
铁道出版社有限公司，2022.5
ISBN 978-7-113-28893-8

Ⅰ. ①股… Ⅱ. ①李… Ⅲ. ①股票投资-基本知识 Ⅳ. ①F830.91

中国版本图书馆 CIP 数据核字（2022）第 029763 号

| | |
|---|---|
| 书　　名： | 股票投资者进阶之路——行业分析 |
| | GUPIAO TOUZIZHE JINJIE ZHI LU：HANGYE FENXI |
| 作　　者： | 李晨光 |

**责任编辑**：张亚慧　　**编辑部电话**：（010）51873035　　**邮箱**：lampard@vip.163.com
**编辑助理**：张秀文
**封面设计**：宿　萌
**责任校对**：焦桂荣
**责任印制**：赵星辰

**出版发行**：中国铁道出版社有限公司（100054，北京市西城区右安门西街 8 号）
**印　　刷**：北京铭成印刷有限公司
**版　　次**：2022 年 5 月第 1 版　2022 年 5 月第 1 次印刷
**开　　本**：700 mm×1 000 mm 1/16　**印张**：11　**字数**：154 千
**书　　号**：ISBN 978-7-113-28893-8
**定　　价**：69.00 元

# 前　　言

　　"你不理财，财不理你。"这句经常被理财界引用的话，在竞争越来越激烈的现代社会仍然适用。人们对财富增长的需求，使"投资"这件事注定要伴随很多人的一生。

　　投资品种有很多，包括股票、基金、债券、私募股权、保险理财、信托产品、贵金属、期货等。在资本市场发展的这些年，各个投资品种相对应的交易规则也在发展中不断完善，尽管各种各样的现象层出不穷，但监管制度和各类投资产品的设计也更趋于合理。因此，大家想在资本市场上通过投资获得回报，就需要更加专业的分析和决策。

　　股票市场对推动经济迅速增长和世界经济一体化的影响是巨大的。一个健康的股市，可以起到优化配置社会的财富资源，完善上市公司的运作机制，拓展企业的融资渠道及分散投资风险等作用，另外，也为大家提供了更多的投资渠道。

　　相关数据显示，我国注册的股民群体已达1.6亿。这么庞大的股民群体，说明当前社会，股市的发展与许多人息息相关。因此，无论是不是股民，作为投资者，我们都应该对股市的运行多一分了解。

　　A股市场起步较晚，随着1990年第一只股票上市发行到现在，充其量只有三十多年的时间。但在这短短的三十多年里，和飞速发展的社会一样，A股市场也走过了发达国家近两百年的路程，A股资本市场完成了从无到有、从快速生长到逐渐完善的过程。尽管在这个发展的过程中出现过各种各样的炒作模式与投资者，但最终都是一时的，因为他们的行为只是源于市场规则不完善背景下的取巧。那么，在规则与监管较为完善的市场背景下，作为投资者应该怎样去合法、合理地通过投资股票获取收益呢？这就涉及本书所讲的核心——如何通过对不同行业和社会发展进行分析，发现即将发生的投资机会并牢牢将其抓住，用今天的钱获取明天的收益。

　　综上，请大家一定要记住：无论是投资股票、基金，还是其他任何产品，其盈利的核心都是对未来行业变迁与发展的预判。

　　在深入了解本书内容前，我先向大家普及三个投资流派名词：价值投资、趋势投资和主题投资，以及A股、B股概念。

**【价值投资】**

它是一种常见的投资方式，专门寻找价格低估的证券。价值型投资人偏好本益比、账面价值或其他价值衡量基准偏低的股票。该策略最早是由本杰明·格雷厄姆于20世纪30年代提出，后来由巴菲特发扬光大，并被世人熟知。

**【趋势投资】**

它是投资人以投资标的的上涨或下跌周期来作为买卖交易的一种投资方式。当然这种趋势的发展也有自身的原因存在。在我看来，趋势投资就是短线投机、波段操作与中长线投资的完美组合。

查尔斯·道算是趋势投资的鼻祖，他的道氏理论影响了很多人，至今还是很多投资者的一门必修课。他认为股票价格运行有三种趋势，其中最主要的是股票的基本趋势，即股价广泛或全面性上升或下降的变动情形。这种变动持续的时间通常为一年或一年以上，股价总升（降）的幅度超过20%。对投资者来说，基本趋势持续上升形成多头市场，持续下降形成空头市场。

股价运动的第二种趋势被称为股价的次级趋势。因为次级趋势经常与基本趋势的运动方向相反，并对其产生一定的牵制作用，因而也称为股价的修正趋势。这种趋势持续的时间从三周至数月不等，其股价上升或下降的幅度一般为股价基本趋势的1/3或2/3。

股价运动的第三种趋势被称为短期趋势，反映了股价在几天之内的变动情况。修正趋势通常由三个或三个以上的短期趋势所组成。这一理论认为一旦股价变动形成一种趋势，便会持续相当长的时间，此时投资者也应该顺应趋势保持自己的投资地位直至市场发出趋势转变的信号。

**【主题投资】**

它是通过分析实体经济中结构性、周期性及制度性的变动趋势，挖掘出对经济变迁具有大范围影响的潜在因素，对受益的行业和公司进行投资的一种投资方式。投资策略可以概括为趋势型策略、事件驱动型策略、相对价值型策略和套利型策略等。

**【A股、B股】**

A股是上市公司发行以人民币支付的股票，主要的交易市场是上交所和深交所；B股是上市公司发行以美元支付的股票，交易市场只在上交所（港币交易的B股只在深交所交易）。

作　者

2022年3月

# | 目 录 |

# 第 10 章 分享股海浮沉的几招干货 / 155

# 第 1 章

# 过去的都是故事，未来才是机遇

我们经常能在很多电视节目或者自传中看到、读到很多的成功案例、各种成功语录，因为，很多成功者会和我们分享其一路走来的各种经验和道理。但是，我们只能看到他们光鲜的一面，比如有名的天使投资人、功成名就的创业者或是在资本市场上纵横捭阖者。其背后不为人知的艰辛，我们却无法直观看到或是感受到。各个成功人士讲到自己的成长史，各自都有说不完的苦与难，各自都有独特的机遇。也许是因为这些成功人士的光芒太过耀眼，导致很多后来者会盲目学习和模仿，企图复制他们成功的经历。然而这些模仿他们的后辈们中，却很少有后起之秀出现。只要是投资者，没有不知道巴菲特的，而巴菲特的理念早就被人分析了个透透彻彻，却没有第二个巴菲特出现。所以，对于每个人来说，不要过分沉溺于前人的经验，保持一种理性。我们可能变不成下一个巴菲特，但可以通过学习他的经验，总结提升自己对市场的认知，积极发掘市场的未来，站在巨人的肩膀上，变成一个更好的自己。

# 1.1 做投资成功者的共性——对未来产业变化敏锐的认知

有这样一句话："这个世界上唯一不变的规律，就是世界一直在变化。"随着时间流逝，身边的人、事物、规则、环境，包括我们自己，都在逐渐地变化。肉眼看不见的细胞生死迭代，随着时间的流逝，人慢慢地变老。产业变迁也一样，随着科技水平的提高与消费者审美、需求的变化，每个行业也逐渐发生着盛衰更替。也正是因为存在着这样的变化，才会不断地有机会显现。在这种情况下，如何从司空见惯的常态中发现即将显现的趋势和变化，才是能否在产业变迁过程中发现各种机会的关键点。

如果提出一个问题："某个行业中，谁是最了解这个行业的人？"大多数人的回答可能会是"该行业的从业人员"。单单从逻辑上讲，这一回答没有什么问题，毕竟一个行业的从业人员，在该领域几十年如一日深耕，必定会对该行业有着更深刻的认知。不过，这些认知更多存在于行业运行细节、该行业现状与各种行业规则等。

而对于行业未来变化和发展的认知程度是不是深刻，这可不一定。我们换个角度思考，如果某个行业的从业者对行业发展的未来趋势有深刻理解，那些在行业走下坡路时硬扛着不撤的也就不存在了。那什么人最了解一个行业的发展趋势和产业变化方向呢？其实是该行业的投资者。比如，巴菲特可能才是最了解可口可乐等这些消费领域公司的人，我们可以分析巴菲特在可口可乐公司投资的成名历程。

巴菲特主要有两次买入可口可乐股票的经历，第一次是1988—1989年，重仓买入187 00万股。在这期间，可口可乐的股价表现不佳，处于股价盘整末期，市盈率在16～17倍，但业绩则呈现出V形反转苗头，他买入之后，股价则开启了大幅增长之路。到了1994年，巴菲特第二次买入可口可乐1 300万股，这时可口可乐公司的市盈率已经达到了21～25倍，股价盘整了两年半，业绩处于缓慢增长期，他买入后，股价再次开启增长之路。我们可以看出，每次在巴菲特出手买入可口可乐股票之前，股价表现都不佳，股价的低迷也代表着市场上包括产业资本在内的多方对可口可乐公司的未来并不看好，而巴菲特买入股票之后，股价则开始逐步上扬，公司的业绩也开始逐渐爆发。我们当然不完全了解巴菲特在当时想的是什么，但从结果上能很好地说明，最了解一个行业或者一个公司的人，可能并不是这个行业或是公司的从业者，而是关注这个领域的较为成熟的投资者。

可以看到，巴菲特在投资领域有着巨大的成就，并且对比该行业中真正的从业者，他对产业变化趋势方面也有着超越性的理解。之所以出现这种"比内行更专业"的不符合日常思维的情况，是因为当事人所观察的视角不同。从业者和经营者更注重经营细节，比如说压缩成本、人员管理、价格浮动、开拓客户等，而投资者更注重对行业整体的发展趋势的研究、对个别企业的基本面分析、对监管政策变化的掌握等，以更为宏观的角度去增加对行业的认知。

而且还能纠正一个大众常犯的错误——喜欢听小道消息。作为一个投资者，经常会听到各种各样的小道消息，其中大部分消息来源于某个公司的"内部人员"，大多是没有凭证的信息，比如，某次酒桌上，某人"酒后吐真言"，说"我的××朋友是某公司的高管，他们公司要有××操作，买入他们公司的股票，稳赚不赔"。但如果你能有这样一种意识：最了解该行业的人并不一定是该行业的从业者，就会对这种小道消息的真实性与有效性保持怀疑。毕竟，投资决策是一种审慎而又独立的判断，把希望放在一些"不可靠"的消息之上，必然会对自己的投资造成损失。想要做一个成熟的投资者，必不可少地要对未来产业变迁有一个敏锐的认知。

# 1.2　要找到"风口"——顺势而为

可能大家对这个"顺势"还没有特别深刻的理解，所以，我这里换个角度来聊聊顺势——风口。

先说何为"风口"？兴许你会听到他人有这样的抱怨，"2015年公众号兴起时我就想做，如果当时做了现在没准就是头部""2018年抖音火时我很喜欢玩，如果我认真做了，没准会拥有千万粉丝""如果我2012年开始做淘宝""如果……"这些"如果"后面的时间和事件，就是风口。当然，这些带有莫大遗憾的表述都是从现在的视角去判断过去的事件，仅仅是过过嘴瘾而已。因为，当风口真正来临时，只有少数人才能敏锐地判别。并且，只有这些少数中的少数才会在判别后付诸实施，以行动力迅速地抓住机会，乘上风口的风，迅速打开局面，做出成果。

从大局视角回看过去几年所经历的事，你会发现机会可谓遍地皆是，比如大宗商品、股市等；但从当前的时间点向未来展望，你又会发现，前路一片迷茫，机会不知从何处而来。难道是过去投资机会多，未来的投资机会少吗？其实不然，机会和风口始终存在于我们身边，但当它来临时，大部分人觉察不到，只有极少数"嗅觉敏锐"之人和恰好身处风口当中的幸运儿能有幸乘上风口之风，飞上天空。虽然"风口"一词来自互联网，但在实体产业和资本市场同样适用，尤其适用于资本市场，下面以A股市场中的地域主题类行情为例给大家进行说明。

熟悉A股市场的人肯定听说过"炒地图"这个词。当然，事出必有因，"炒地图"之风也是有其逻辑所在，其根本原因在于过去几十年房地产热。毫无疑问，房地产市场在过去二十多年间得到大幅增长，并且房价和地价一旦较大幅度上涨，就会进一步引发拥有大量土地和房产的企业在估值上的重新评估，导致上市公司的股价剧烈波动。所以，A股的"炒地图"内核在这里。"炒地图"最早发源温州的公司，而行情带来最初的炒作核心就在于"浙江东日"这只股票。

　　从上图中可以看到，从2012年3月28日宣布温州金融改革的消息后，地处当地且具有明显金融属性的上市公司"浙江东日"股价在17个交易日大幅上涨到17.38元，涨幅高达216.58%，也正是因为在"温州金改"之前没有"炒地图"的先例，所以，我们看到浙江东日连续两倍的涨幅，除了第一个交易日是一字板涨停开盘到收盘，其他十几个交易日都是以实体阳线或者涨停板的走势来体现，说明这次政策引起"地价上涨"从而进一步导致股价上涨的逻辑，这对于A股市场来说，是没有先例的，但这次"温州金改"带来浙江东日股价连续翻倍的前例，使得"炒地图"这一方式正式进入A股，随后深圳金改的方式也是如出一辙，全部围绕着"金融改革"这一主题进行，直到2013年，上海自贸区行情炒作将"炒地图"这一模式完全带入A股市场当中。

　　上海自由贸易试验区范围涵盖上海市外高桥保税区、外高桥保税物流园区、洋山保税港区、上海浦东机场综合保税区、金桥出口加工区、张江高科技园区和陆家嘴金融贸易区七个区域，所以，围绕着外高桥地区、浦东地区、张江高科技园附近的上市公司，比如外高桥、张江高科、浦东金桥、上港集团等股价都大幅上升。下图为大家展示当时外高桥的股价表现。

从图中可以看出，从2013年8月底上海自贸区创建政策宣布后，外高桥的股价一口气从19.11元涨到89元，17个交易日内上涨365.72％，以连续涨停一字板形式直接上翻接近四倍。不仅仅是外高桥，包括张江高科和上港股份等上海本地股都是大幅上涨，当时上海自贸区板块的炒作风头独一无二，在当时低迷的市场环境下吸引了绝大多数人的目光，也把"炒地图"这种炒作模式推向高潮。

这种"炒地图"本质是炒政策红利带来的风口。最近的一次"炒地图"是在2017年"雄安新区"设立的政策背景之下，不过，雄安新区这次"炒地图"的风口，却给人留下了另外一种深刻的印象。

冀东装备在一个月左右的时间由最低价13.4元上涨到45.8元，如下图所示，两倍多的涨幅在此次雄安行情中为最，而其他位于保定及其周边的上市企业，比如巨力索具、华夏幸福、金隅股份等，也有接近一倍的平均涨幅，尽管后期这些股票都陷入了漫漫"熊途"。

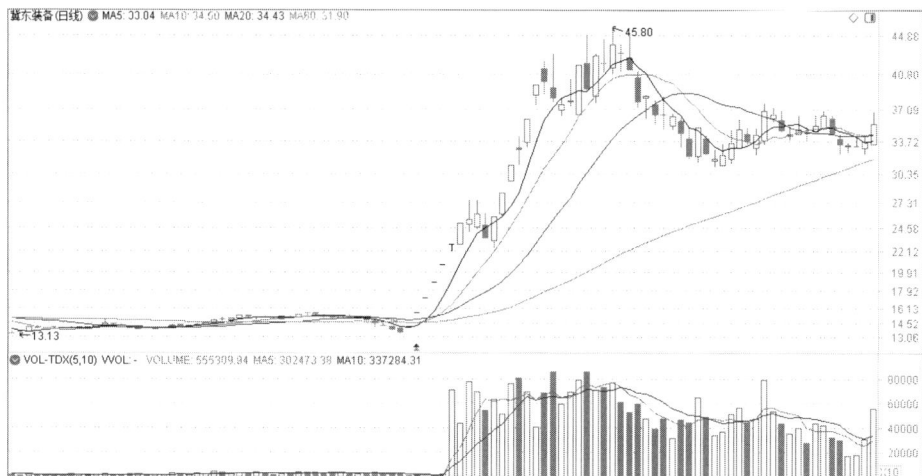

## 1.3 充分了解过去，才能更清楚看到未来

"以铜为鉴，可正衣冠；以史为鉴，可知兴替"，过去的事件只能用来总结经验和教训，真正的机会存在于未来。

自从股票诞生以来，人们从来没有停止过对股票运行规律的分析和总结（经过长时间规律总结和众多投资者归纳），在分析投资市场中逐渐形成一种分析方式叫作证券的"技术分析"。它是把市场行为作为研究对象，以判断市场趋势并跟随趋势的周期性变化来进行股票及一切金融衍生物交易决策的方法的总和，并且逐步形成关于技术分析类似于公理类的"三大假设"——技术分析认为，市场行为包容消化一切信息，价格以趋势方式波动，历史会重演。其中"历史会重演"便是对了解过去展望未来的最终总结。就比如整个市场的指数，如果我们把时间线拉长，会发现资本市场其本身各大指数的运行是有一定规律的，而且伴随着指数的逐渐运行，会发现市场在每次牛熊市的指数演变过程中，K线图形好像都很相似。其深层次的原因比较复杂，有市场规则的延续，有参与市场投资者的结构变化，也有资金背后的人性等因素，但这诸多现象的综合，确实造成了市场出现周期性规律变化的根本原因,所以,"历史会重演"这一假设在某种程度上确实能够辅助我们去判断行情的走势,充分了解历史,可能会更好发现"未来"。

# 1.4  收集信息,大胆预判

作为普通投资者(资本少和资源少的投资者)虽然不能抓住风口,一飞冲天,但是我们能利用专业技能把握投资机会。其中,最为基础的专业技能是收集信息进行预判。我这里提出的收集信息主要包含两个步骤:第一步是收集信息;第二步是筛选信息。然后,根据关键信息做出预判行业的投资价值和投资风险,从而进一步为投资提供依据。这也是投资者必备的基础素质。

在互联网不发达的过去,收集信息确实比较费劲,但现在完全不一样,有网络就能收集到90%的信息,然后筛选出自己想要的信息。我向大家介绍如下几种好用的免费方式:

**1. 年报和公司公告**

行业或是企业信息大部分都会定时发布,发布形式通常如下:年报、季报、中报和公告。如何从年报、季报、中报中轻松收集有价值的信息,主要有以下几点:

- 公司主业是什么? 未来需求如何?

- 公司怎么赚钱? 自由现金流稳定吗?

- 毛利率和核心利润率高不高?

- 在行业中是什么地位?

- 公司有没有成本优势、品牌优势和技术优势?

- 资产负债情况怎么样,有息负债高不高,流动资产与易变现的资产能不能覆盖有息负债?

- 公司现在估值怎么样？是低估、合理，还是高估？

如何从公告中收集有价值的信息？只需看一些重要的事项，尤其是对未来有影响的事件，如诉讼事件、影响较大的公共事件等。

### 2. 行业研究报告

通过研究员的公众号、同花顺等查看行业报告（如下图所示），因为它可以在一定程度上对行业趋势进行判断。因此，行业研究报告是最快了解一个行业乃至一家公司全貌的方法。虽然它具有一定的深度，也有参考价值，不过不能全信。因为部分研究员的水平有限，加之报喜不报忧，核心数据和真实观点都要再深究。

### 3. 行业网站

行业网站比股市更能反映行业的变化，且数据一目了然。因此，要想了解一个行业，收集比较权威的数据，就要认真查看该行业的行业网站（或是行业公众号）。

### 4. 电话会议

电话会议主要是分析师邀请对应行业的专家过来，通过电话的方式和投资者分享行业的发展情况。投资者可以直面行业现状，还可以直接向专家提问。有质量的电话会议途径："每市"App、喜马拉雅FM、万得的电话会议频道等。

【补充：付费的信息收集渠道包括万得资讯、商品价格指数网站、上证e股东、深圳互动易等。】

# 第 2 章

# 行业发展的基本规律

"行业"是指从事国民经济中同性质的生产，或者其他经济社会活动的经营单位和个体等构成的组织结构体系，比如石油行业、化工业、旅游业、证券业。

我们在分析一个行业时，主要是为了弄清楚该行业本身所处的发展阶段和在社会与国民经济中的地位，分析影响行业发展的各种因素及判断对行业影响的力度，预测行业的未来发展趋势，判断行业投资价值和投资风险，从而进一步为投资提供依据。

行业分析在股票市场中是对上市公司分析的重要方向之一。从整体市场的角度来横向比对各个行业，我们可以得出结论：整个市场中不同行业的发展速率和现状差异性非常大，总是存在一些行业的增长速率超出整个社会经济的发展速率，另一些行业增长速率落后于整体经济发展速率的状况。一些行业甚至不仅没有增长，反而在逐渐消退。这是由不同行业所处在的不同周期导致的。所以，行业分析是上市公司分析过程中非常重要的一个环节。

我们大致观察整个股票市场会发现：无论哪个交易软件，都会自动把各个公司按照行业分门别类。在对一家上市公司的估值进行测算时，各项财务数据都是同行业相比对的结果，它是一个非常重要的参考系数。通过各项数据对比，可以很直观地判断一家公司的经营状况、市场地位、发展趋势。所以，我们在对一家上市公司进行分析调研时，先是要了解该行业的现状和未来的发展趋势。一家公司无论如何发展，首先要从属于该公司所在行业发展的大趋势。而行业的发展规律又要从属于经济周期的规律，这就要求我们在分析判断一个行业时，必须要了解经济周期与行业发展规律。

另外，关于行业的具体分类，我这里将全球行业分类标准（GICS）以表格的方式为大家展示，具体如表2-1所示。该行业分类是参照摩根士丹利和标准普尔共同发布的全球行业分类标准，并结合我国上市公司的实际情况确定。

**表2-1 全球行业分类标准（GICS）**

| 行业名称 | 主要类别 |
|---|---|
| 能源 | 能源设备与服务，石油、天然气与消费用燃料 |
| 原材料 | 化学制品、建筑材料、容器与包装、金属与采矿、纸类与林业产品 |
| 工业 | 航空航天与国防、建筑产品、建筑与工程、电气设备、工业集团企业、机械制造、贸易公司与经销商、商业服务与商业用品、航空货运与物流、航空公司、海运、公路与铁路、交通基本设施 |
| 可选消费 | 汽车、汽车零配件、家庭耐用消费品、休闲设备与用品、纺织品、服装与奢侈品、酒店、餐馆与休闲、综合消费者服务、媒体、经销商、互联网与售货目录零售、多元化零售、专营零售 |
| 主要消费 | 食品与主要用品零售、饮料、食品、烟草、家常用品、个人用品 |

| 行业名称 | 主要类别 |
|---|---|
| 医药卫生 | 医疗保健设备与用品、医疗保健提供商与服务、医疗保健技术、生物科技、制药、生命科学工具和服务 |
| 金融地产 | 商业银行、互助储蓄银行与抵押信贷、综合金融服务、消费信贷、资本市场、保险、房地产投资信托、房地产管理和开发 |
| 信息技术 | 互联网软件与服务、信息科技服务、软件、通信设备、电脑与外围设备、电子设备与仪器、办公电子设备、半导体产品与半导体设备 |
| 电信业务 | 综合电信业务、无线电信业务员 |
| 公用事业 | 电力公用事业、燃气公用事业、复合型公用事业、水公用事业、独立电力生产商与能源贸易商 |

# 2.1　萌芽期、成长期、成熟期、衰退期

在上一节中提到了一个行业现状：有些行业增长速率落后于整体经济发展速率，一些甚至不仅没有增长，反而在逐渐消退。这是由不同行业所处在的不同时期导致的。大家可以明显体会到"周期"的威力，这也是很多投资者对行业进行调研的一个关注点。比如，对衰退期行业或者公司的股票，如果没有明显的政策利好或是技术更新，绝大部分投资者不会考虑，即使该行业或者企业再努力也逃不掉周期规律。

一个行业或是企业的周期，或者说生命周期通常分为四个时期：萌芽期（也被称为初创期、幼稚期、导入期），成长期，成熟期（垄断期）和衰退期，如下图所示。

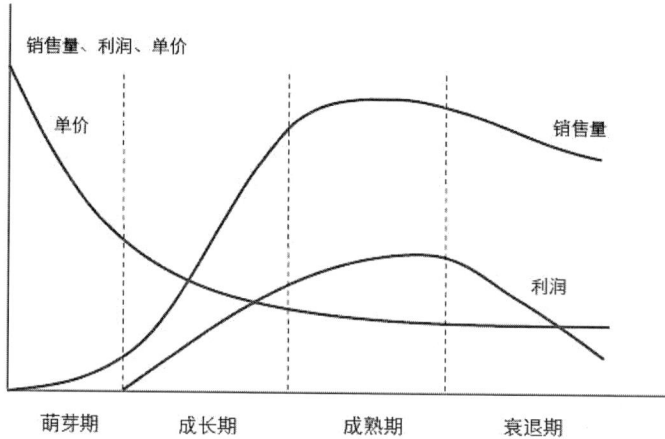

投资处于不同时期的行业或是公司，获得的回报完全不一样。因此，我们需要掌握各个时期的特点：

### 1. 萌芽期

行业或是公司刚刚诞生或初建不久，这个阶段由于产品的研究和开发费用较高，而产品市场需求相对较小，销售收入一般较低。因此，大部分创业公司的财务报表上不但没有盈利，反而有可能会有亏损。不过在该阶段后期，随着行业生产技术的提高、生产成本的降低和市场需求的不断扩大，行业或是公司将逐步由高风险、低收益的萌芽期转向高风险、高收益的成长期。

【确定性低、风险高、回报率不足，不太适合普通散户投资。】

### 2. 成长期

行业或公司的产品经过广泛宣传和消费者试用后，逐渐赢得了大众的欢迎和偏好，市场需求开始上升，产品的产量不断增加，市场的需求日趋饱和，企业之间的相互竞争不断加大。此时，企业为了提高市场占有份额，就必须依靠追加生产、提高生产技术、降低成本及研制开发新产品的方法来争取竞争优势，从而战胜竞争对手，维持企业的生存发展。因而，在这一阶段，企业的利润虽然增长很快，但所面临的竞争风险也在不断加大。在该阶段的后期，由于优胜劣汰规律的作用，市场上企业的数量在大幅度下降之后便开始稳定下来。

【确定性相对低，风险高、回报率高。】

### 3. 成熟期

在竞争中"活下来"的少数企业基本掌握了整个行业市场,每家企业都占有一定比例的市场份额。由于彼此势均力敌,市场份额比例发生变化的程度较小。竞争逐渐从价格手段转向各种非价格手段,比如提高质量、改善性能和加强售后服务等。行业的利润由于一定程度上的垄断达到很高的水平,而风险却因市场份额比例比较稳定、新企业难以进入而较低。

【投资者首选,因为风险低、回报率高、确定性强。】

### 4. 衰退期

行业在较长的稳定阶段后,由于新产品和大量替代产品的出现,原行业的市场需求开始逐渐减少,产品的销售量也开始下降,行业内某些企业开始向其他更有利可图的行业转移资金,因而,原行业出现企业数目减少、利润下降的景象。至此,整个行业便进入生命周期的最后阶段。在衰退期,企业的数目逐渐减少,市场逐渐萎缩,利润率停滞或不断下降。当正常利润无法维持或现有投资折旧完毕后,整个行业便逐渐走向解体。

【确定性低、风险高、回报率不足,不太适合普通散户投资。】

【补充:怎么判断行业处在生命周期的哪个时期?可以通过百度等搜索工具来收集行业信息,如行业现有体量、历史增速、未来发展空间大小等,将相应的数据制成走势图基本上就能判定该行业处于哪个时期了。】

## 2.2　各个行业发展阶段的机遇与风险

### 1. 萌芽期——挖矿的不如卖铲子的

"挖矿的不如卖铲子的"这句俗语在投资界流传甚广,其由来是源自美国19世纪"淘金热"时代。当时有人在美国加利福尼亚州发现了金矿,消息流传开来以后，吸引了大批梦想一夜暴富的人来到加利福尼亚州淘金，然而金矿的数量是有限的，但人们追求黄金的热情是无限的，所以在流传可能有金矿的地区突然间人口暴增，而在这个过程中，能够最后发现金矿一夜暴富的幸运儿少之又少，但人们在回顾这段历史的时候，发现有另外一批从开始就没有准备去挖金矿的人却赚得盆满钵满，这些人就是那些"卖铲子"的人，因为人口激增，这批人的吃穿住行都出现了爆发式的增长，而又因为大家都是准备来挖金矿的，又需要大量的挖矿工具，于是在"淘金热"过后，大家发现，金矿没找到多少，而卖铲子和卖牛仔裤的商人们却大赚了一笔，这个故事也就是"挖矿的不如卖铲子的"这句俗语的由来。而这种现象在资本市场中更是屡见不鲜。

2019年底刚爆发新冠疫情时，恰逢春节工厂大量停工，于是口罩行业出现了"一罩难求"的现象，但事后人们发现，真正最后大赚的企业并不仅仅是做口罩的公司，作为生产医用口罩的主要原料之一"熔喷布"，才是口罩行业在这个阶段中的铲子，而生产"熔喷布"的厂家，当然是足足享受了一波行业红利。除了新冠疫情下的"口罩"，还有一个行业在股市上表现得尤为明显——"共享单车"

首先说明的是，这里我们谈的"共享单车"指的是"无桩共享单车"，作为国内共享经济的鼻祖，"共享单车"是伴随着移动互联网的高速发展而出现的事物，其概念出现在2015年，并于2016年吸引了资本的目光而大为火热，于是2016年出现了上百家共享单车企业，比如ofo、摩拜单车、小蓝单车、悟空单车等，这其中当然属ofo和摩拜单车两家独大，但在这个行业的萌芽阶段，各家公司的财报并不好看，几乎都没有盈利，更别提上市，所以，这个时候的A股当中，并没有以经营共享单车为主业的公司，但我们可以想一下，共享单车相关的公司这时虽然没有在资本市场上市，但生产自行车的行业却是在A股市场上存在很久，所以，这个阶段制造自行车的公司也就是这个新兴行业中的"卖铲子"的企业，我们再看一下当时A股中卖自行车的企业的股价表现，见下图。

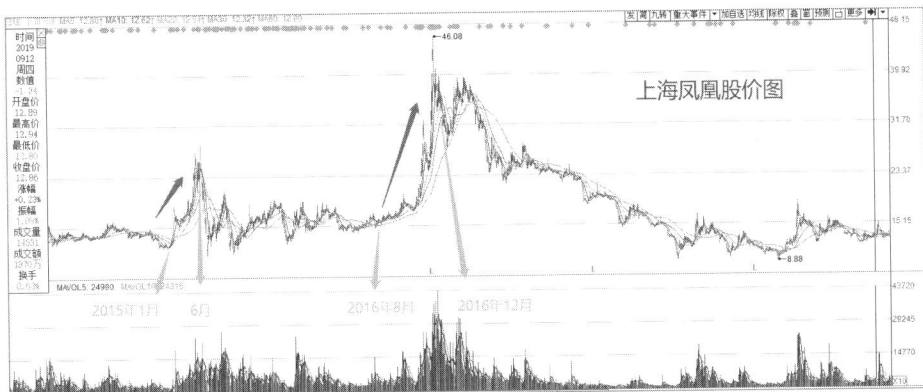

上海凤凰600679（2014年—2017年K线图）

通过上图我们可以看出，上海凤凰作为共享单车界"卖铲子"的企业，在共享单车行业初期爆发发展的2016年一口气从6月份的14元，翻了3倍多涨到了46元，这在2015年以后的A股中算是为数不多的亮眼表现，这也是"挖金矿的不如卖铲子"这一示例的现实表现，共享单车的发展带动了卖铲子企业——自行车制造商的繁荣。

当然，在行业的萌芽期的投资机会也并不仅限于"卖铲子"，对于资本市场来说，股票的炒作在萌芽期实际上更多的是一种概念性炒作，因为股票的短期走势与该公司的业绩关联性并不大，在一个新的行业出现的时候，没有人知道哪个公司会是最后受益最大的公司，也就是说，在行业萌芽期间业绩不能证伪，这样就会在A股炒作过程中出现这种现象，炒作一个新生概念的时候，所有沾边该概念的股票，鸡犬升天，短期内"雨露均沾"地受到众多热钱的关注，这也就是我们常说的概念炒作。

## 2. 成长期——慧眼才能识珠

如果把行业的萌芽期比作群雄逐鹿的乱世的话，行业的成长期就是三足鼎立时代，这段时间如果做好选择，也可能是投资回报最为丰厚的一段时间。前期由于行业发展前景太模糊，外加各路人马争相入局，导致虚假繁荣和一定程度的泡沫，而经过一段时间的市场竞争，一些没有核心竞争力，盈利模式不清晰，管理混乱，层级低的企业，必然会逐渐被市场淘汰，业绩始终没有出现释放的可能，股价也自然会慢慢被打回原形，但在这个过程中，该行业的整体市场规模却可能在逐渐增大，这两方面相结合，也可能会导致行业集中化，于是赢者通吃的现象逐渐出现。那么，在这个过程中如果能够领先于市场独具慧眼的找到那些可能成长为"参天大树"的企业，必然也会在最后赚得盆满钵满，那么，如何才能在鱼龙混杂的行业发展阶段中找到那些最后的赢家呢？

首先，要着重分析公司的市场占有率的发展趋势。市场占有率这个指标是鉴别一个行业龙头的关键指标，当然，当市场占有率已经很明确的时候，就意味着行业龙头的角逐已经接近尾声。所以，我们在这个阶段的重点是要分析在同一赛道中的众多公司，哪些公司的市场占有率的增长趋势最为"凶猛"，因为市场是最客观的，一个公司产品的市场占有率不断提升，必然有其提升的理由。而且在这个阶段中，市占率往往要比利润率更为重要，很典型的一个例子就是京东，京东在上市后的几年中，每年都保持稳定的亏损，但其市值却蒸蒸日上，这里当然不是投资者傻，而其在电商中的市场占有份额在逐年加大是一个很重要的因素，所以，那些精明的投资者们当然选择用脚投票。当然市占率虽然很重要，但仅仅看市占率也还是远远不够的。

另外，也要着重分析细分行业的成长空间和公司主营业务是否突出。这一点其实很好理解，一个新兴行业的兴起，注定伴随着众多细分领域的出现，比如电脑行业。电脑显示器加主机，其中主机里又分为外壳、硬盘、CPU、显卡、主板等众多零部件，有点常识的人都知道，像生产CPU、硬盘等核心零部件的企业其利润率肯定远远高于生产电脑外壳的企业，甚至是数百倍的差距，所以在行业发展的成长期，一定要重点筛查那些发展空间大，细分方向行业占比较多的公司，只有水面足够大，才能容纳更大的船。

最后，还要看公司本身的质地是否优秀。同样的食材由不同水平的厨师处理起来，味道是不一样的，一个公司如果想要从众多竞争者中间厮杀出一片天地，也必定要有自己的"绝活"，可以是更为先进的商业模式，可以是高于其他人的供应链管理，也可以是更为卓越的公司架构与管理层等，而这些公司质地的判断也恰恰是我们作为非公司的一员能够通过外界的蛛丝马迹来寻找出来的，比如产品的风评、招聘信息、公司对外公告、经销商口碑，甚至是董秘的官方回复等。

### 3. 成熟期——寻找"护城河"

在行业发展至成熟期之时，"护城河"尤为重要，"护城河"这个概念是巴菲特在其公司的股东大会中提出的。最开始他对护城河理论的描述是"一座被深邃而危险的护城河环绕的奇妙城堡。城堡的主人是一个诚实而优雅的人。城堡力量的主要来源是主人天才的大脑；护城河永远是那些试图攻击城堡的敌人的障碍；城堡的主人创造了黄金，但并不是所有都是为了他们自己。粗略翻译一下，我们喜欢有控股权的大公司。这些公司的特许经营权很难复制，具有很大或永久的持续经营能力。"后来巴菲特进一步对此理论做了阐述："根据商业护城河扩大的能力和它的不侵略性来判断一个伟大的企业。'护城河'能够每年得到拓宽。并不是说一个企业的利润要超过上一年，因为这种理想情况不一定一直存在。然而，如果该公司的'护城河'继续每年扩大，该公司将运作得非常好。"从巴菲特的描述中可知，"护城河"的建立，正是奠定一个企业从优秀转为卓越的重要基石。

而在商业市场中行业"护城河"到底是什么？有另外一个名词叫作"行业壁垒"，是一家企业的核心竞争力，也就是这个企业在其所处赛道中安身立命的本事。《巴菲特的护城河》一书中将"护城河"细分成四类：企业的无形资产，比如品牌、专利等；高转换成本；成本优势；网络效应。我们身边耳熟能详的伟大企业都有"护城河"，比如小米公司将供应链压缩到极致的成本控制力，比如苹果手机、格力电器、万科地产等行业相关龙头公司的品牌效应，再比如ASML生产光刻机中独一无二的技术壁垒，全球仅此一家能够生产高精度光刻机，这些都是一个公司安身立命的"护城河"。然而这些信息的发现并不像市销率、市盈率等数据一样由一个特定的公式来计算，反而需要我们在生活中、网络信息中通过该相关公司动向的蛛丝马迹大胆假设，小心求证，虽然理念是朴实的但却有非常强的现实意义，也有相当多的"民间股神"是通过这个方向的研究起家的。另外还需要注意的一点就是，所谓的商业"护城河"并不是一成不变的概念，这些"护城河"也会随着技术的迭代、时间的流逝而逐渐降低门槛，所以，在这个行业阶段中，寻找那些能够可持续增加商业"护城河"的公司尤为重要，然后提前在市场发现它的时候潜伏进去，等待花开。

### 4. 衰退期——垄断格局的形成和下一个周期的开始

其实行业发展到这个阶段基本就不再适合普通投资者进入了，当一个行业发展到后期的时候，整体市场规模趋于稳定不再高速增长，市场红利消失，而随着时间的推移，场内经过成长期高速发展最后剩下来的几家公司，各自都拥有属于自己的"护城河"，这就导致行业竞争的加剧，甚至会发生为了竞争不再增加的市场份额而打价格战，而毛利率的整体下降也会迅速让行业内缺少"护城河"的公司离场，甚至场外人想入局的难度也会大大增加，随着时间的不断推移，该行业最终会形成剩下最后一家或者几家大公司垄断的格局，这个阶段对于普通投资者不太友好的原因不仅仅在于行业份额的紧缩，还在于其时间的漫长，一个行业从成长期到垄断期，需要消耗的时间动不动数以年计，这对公募基金、私募基金等大资金来说没有关系，但对于个人投资者来说却不能接受，小资金追求大利润，大资金追求确定性。

对于处于衰退期或者垄断集中期这个行业阶段的企业来说，迫于现实压力，一些行业壁垒并不明显的企业，要么退场，要么会寻求新的方向和业务以求变局。这样的话，就会逐渐催生新的行业，于是下一轮行业周期开始轮转，也正是在这周而复始、生生不息的周期中，才能酝酿出新的机会。

## 2.3  一只蓝筹股的成长史

在市场经济下，一个成规模的公司都是从零开始一步一步地积累起来的，即便是腾讯、阿里巴巴等这类超大规模的巨头企业，都是从一个小工作室外加几个初创员工发展起来。通常情况下资本的原始积累都会有一个非常艰辛的过程，特别是传统行业，在已经成熟的行业模式之下，要做出优异的成绩确实是非常困难的，除非是有先进的科学技术，或是有独特的商业模式。所以，如果通过传统行业来观察一家公司的成长历程，是非常困难的，特别是通过资本市场。因为我们都知道，一家传统行业的公司从小做到大的过程是非常漫长和艰辛的，其资本原始积累也很难追踪。当然也不是没有办法，大家可以通过新兴行业中的互联网金融去复盘一家小公司成长为大蓝筹的整个历程。

所谓互联网金融，顾名思义，就是互联网技术和金融行业的结合，依托大数据和云计算在开放的互联网平台上，形成功能化的金融业态及其服务体系，包括基于网络平台的金融市场体系、金融服务体系、金融组织体系、金融产品体系及互联网金融监管体系等，并具有普惠金融、平台金融、信息金融和碎片金融等相异于传统金融的金融模式。它是传统金融机构与互联网企业利用互联网技术和信息通信技术实现资金融通、支付、投资和信息中介服务的新型金融业务模式。

国内的金融也是围绕银行、证券、保险这三个核心而开展业务的，所以，当"互联网+"这股风吹到了金融领域以后，自然也是以它们为主题，银行业由于是我国的金融基石。所以，在与互联网结合的过程中整体上会相对地偏向保守。保险业的公司在资本市场上市的也比较少，加之与互联网结合的过程中也没有太大的商业模式可以改变，唯有"互联网+证券"（由于我国投行业务的起步比较晚，所以，在与互联网的结合过程中是共同成长）。

提到互联网金融行业，自然绕不开东方财富这家公司，它是整个互联网金融行业内的绝对领头羊，也是A股创业板中绝对的蓝筹股。我们回顾其成长历程，可以从K线上看到这家小公司一步一步演变成一只蓝筹股的成长之路，历经了萌芽期、成长期、成熟期完整的阶段，并且其间伴随着概念炒作、业绩炒作、行业泡沫及并购转型这一完整的发展路程，一路走来，它从一家股评论坛发展成为行业巨头，下面我们结合K线和公司的发展来剖析东方财富的成长之路。

**【东方财富】**

目前东方财富网在行业内处于绝对领先地位，位列全球财经类网站第一名，全球中文网站前十名，访问量领先行业第二名六倍以上，截至2021年，我们可以看到东方财富已经成长为一个市值3 000多亿元的巨无霸企业，市值甚至一度超越老牌券商中信证券，并且截至目前，市场给予东方财富的评价仍然是具有成长性，最后它能成长到哪一步，谁也不知道，不过作为一个纯粹民营金融企业，东方财富的成长史在金融领域内，可算是前无古人了。到底东方财富这家公司从创立以来发生了什么，我们可以通过其K线对照来看一下企业一路走来的一些重大改变。

东方财富网这家公司成立于2005年，初创之时，该公司仅仅是一个卖软件和广告的企业，尽管创立之初业务简单，但从创立之初，其股权架构便规划好了清晰的脉络，旗下几个分公司分别负责互联网广告、金融数据服务、投资顾问、上市公司投资者关系服务、金融咨询整理与分析等。

2006、2007年公司上线了互动社区东财"股吧"和基金资讯频道"天天基金网"，建立起以财经门户网站为主，互动社区与基金理财平台为辅的整体结构，这一结构也在那个互联网飞速发展的年代给公司积累了庞大的互联网用户基础，为互联网后期流量制胜时代打下了坚实基础，同时也为后续业务转型打下了坚实基础；2010年东方财富正式登陆深交所，夯实资本实力；从2012年起，公司不断拓展综合金融业务版图，依托前期积累的庞大客户基础，逐步实现流量的多元变现；2012年"天天基金网"正式对外开展基金销售业务，公募基金代销助力公司流量第一阶变现；2015年公司收购西藏同信证券，全面切入证券行业，这一步恰恰是东方财富从创业型企业向一个蓝筹股进击的关键一步，不仅拓宽变现渠道，还将公司前期积累的庞大用户彻底变现，依靠自己优秀的产品使用体验将用户们紧紧地绑定在了东方财富这一条大船上；此外，公司先后布局第三方支付、小额贷款、企业征信等全方位金融服务，2018年，公司获批公募基金牌照；2019年，收购众心保险经纪，全面转型互联网金融服务平台综合运营商。

东方财富上市至2021年12月股价变化（不复权）

我们看到，东方财富股价从上市之初到2021年12月大致分为六个阶段，第一阶段（2010.03—2013.01）。这个阶段股票的股价就是正常一只股票上市推高股价然后开板以后漫漫的寻求价值回归之路，从上市之后最高价格的100元一路跌到了18元。而后在公司于2012年开始通过"天天基金网"对外销售基金业务以后进入第二阶段（2013.01—2013.10），在这个阶段，市场逐步发现东方财富的价值，并且业绩也在销售基金一年的过程中慢慢释放，到2013年10月，股价已经翻了7倍，最高到了125元，随即股价逐渐稳定，这里有一个交易节点需要重点看一下。

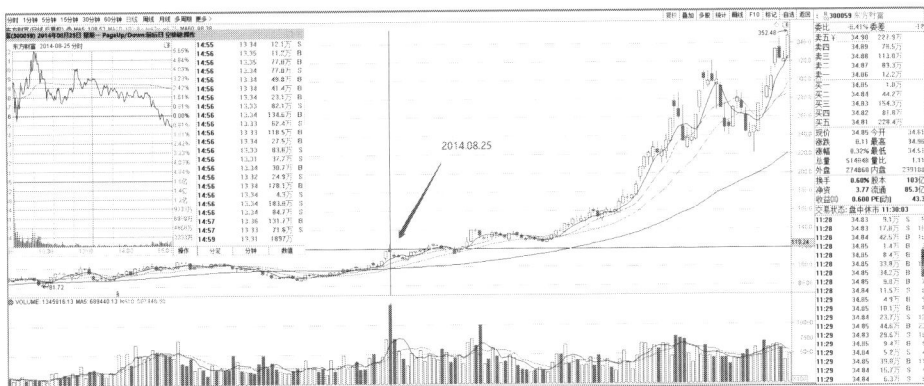

2014年8月25日（第三阶段），东方财富在涨停过后经过换手释放出了天量的成交量，但是股价并没有在后面下跌，反而一路上行，至2015年2月6日，我们可以发现，这个阶段大概率是东方财富后期准备收购西藏同信证券的消息酝酿期，内部资金逐渐进入。到2015年2月6日（第四阶段），股票开始停牌，之后就开始了数板之旅，这一波次

上涨的起点就在2014年8月25日,股票从125元一路上涨十倍,到了2015年牛市最高点,随着2015年牛市泡沫的破灭,东方财富又开启了寻求价值回归之旅,也就是第五阶段(2015.06—2019.01)。2019年1月以后(第六阶段),随着市场慢牛风格的开启,东方财富也收购了保险牌照,完成了金融板块上的最后一块拼图,随着资本市场的逐步成熟,东方财富的真正内在价值也逐步被发现,时至今日,东方财富已经成长为了一个3 000多亿元规模以上的蓝筹股。

通过一个创业型公司演变成蓝筹股的成长史,我们事后可以看到,在K线和成交量之中,可以读出其背后不为人知的故事,而这种反复阅读K线而锻炼出的能力,也自然可以让我们再参与市场过程中,更为从容。

## 2.4　行业发展的特殊情况——老树发新芽

除了时间的流逝,没有什么东西是一成不变的,在不同领域的投资过程中更是如此,我们通常按照传统的标准对不同行业进行分类,并按照规律对其进行基本面的分析本身是没有问题的,但就像人生一样,世事无常,你永远不知道下一刻会发生什么,就像影片《流浪地球》里描述的那样:最初,没有人在意这场灾难,只不过是一场山火,一次旱灾,一个物种的灭绝,一座城市的消失,直到这场灾难和每个人息息相关。

行业在发展过程中,虽然总体上都会遵循由萌芽期到成熟期的规律,但也会在某些大环境或者大事件的推动下,发生翻天覆地的变化,因为变化的突如其来,使其具有不可预见性,导致市场预期和基本面发生巨大变化,以至于出现巨大的"预期差",这也是在参与资本市场中有机会得到暴利的时期。这里我们以2019年5月中旬的稀土行情为例加以说明。

稀土是元素周期表第Ⅲ族副族元素钪、钇和镧系元素共17种化学元素的合称。一般以氧化物的形式存在,属于不可再生资源。在将其加工成有用的材料过程中，由于其程序复杂、烦琐，且成本高昂，因此得名"稀土"。由于稀土具有优良的光、电、磁等物理特性，可以与其他材料组成性能各异、品种繁多的新型材料，大幅度提高了应用产品的质量和性能。比如大幅度提高用于制造坦克、飞机、导弹的钢材、铝合金、镁合金、钛合金的各项性能。而且，稀土同样是电子、激光、核工业、超导等诸多不可缺少的重要材料之一。

稀土广泛应用于新能源、新材料、航空航天、电子信息等领域。我国目前在全球稀土领域处于绝对的主导角色，大家可能也会有疑问，这么重要的战略资源，其他国家为什么不发展相关产业，难道外国就没有这种资源吗？其实不是。中国虽然稀土矿藏在全球最为丰富，但"稀土"其实并不稀有，我国稀土产业之所以立于全球产业链最核心的地方，关键在于从矿藏开采到提炼工艺有着整条成熟的产业链，特别是稀土的提纯分离产业链，当然，也有其独特的历史背景。

早先，中国和美国都在发展稀土产业，但若单纯从矿藏数量统计，中国稀土占世界的41.37%，并且品质更好。而两国在发展稀土产业的过程中，因为我们国内的粗放式发展，有一段时间，国内稀土开采量非常大，导致国际稀土价格大跌，进一步导致美国稀土企业纷纷破产。中国逐渐在全球稀土开采和冶炼项目上主导了全球产业链。

随着不断发展，国内的提炼工艺开始突飞猛进，而稀土（特别是重稀土产业）最高、最难、最核心的冶炼技术实际上被我国攻克并取得长足发展，于是包括美国、缅甸、巴西等在内拥有稀土矿藏的国家，都将开采的稀土运往我国进行提炼。2018年，中国成为世界最大的稀土进口国，主要用于提炼，然后出口稀土产品。中国成了全球唯一拥有稀土全产业链的国家。另外补充一句：稀土里面的核心矿藏——"重稀土"，目前探明的全球储量中有70%在中国境内。显而易见，发展到2018年，稀土产业在国内已经进入成熟期，这时该行业的整体波动本应进入一个相对平稳的区间，算是标准的资源类周期性行业了，但到了2019年后，整个行业的未来发展预期却有了十分巨大的改变。

于是在这种预期之下，本来走势趋于稳定的稀土行业，在资本市场中爆发了新的生命力。我们先看一下A股市场在2019年5月份后上证指数和稀土板块的指数走势。

（上证指数与稀土行业指数对比图）

从上图中我们可以清楚地看出：以2019年5月上旬为界，在这之前，因为稀土行业属于步入成熟稳定期的周期性行业，所以，其走势与整体大盘走势高度相关（随着大盘走势而相对应地波动），而在5月中旬，稀土行业板块指数与大盘指数明显开始背离，在短短两个月内其指数走势明显强于大盘指数，呈现出高景气的行业走势，单从行业板块指数上呈现，大家的直观印象可能并不直接，下面为大家展示几张当时具有代表性的个股，就可以看出在这段老树开新芽式的走势中，蕴含着的投资机遇了。

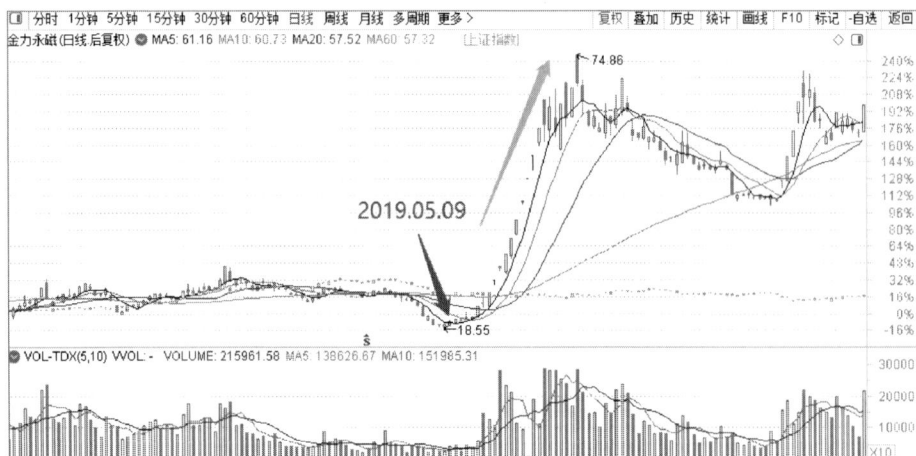

中钢天源（日线 后复权）○ MA5: 24.30 MA10: 24.22 MA20: 24.47 MA60: 25.79 [上证指数]

2019.05.09

37.05

8.76

○ VOL-TDX(5,10) WOL:- VOLUME: 557023.69 MA5: 470326.22 MA10: 462371.72

广晟有色（日线 后复权）○ MA5: 38.17 MA10: 39.17 MA20: 40.46 MA60: 41.68 [上证指数]

2019.05.09

53.26

47.61

23.44

○ VOL-TDX(5,10) WOL:- VOLUME: 47261.21 MA5: 75017.66 MA10: 76338.75

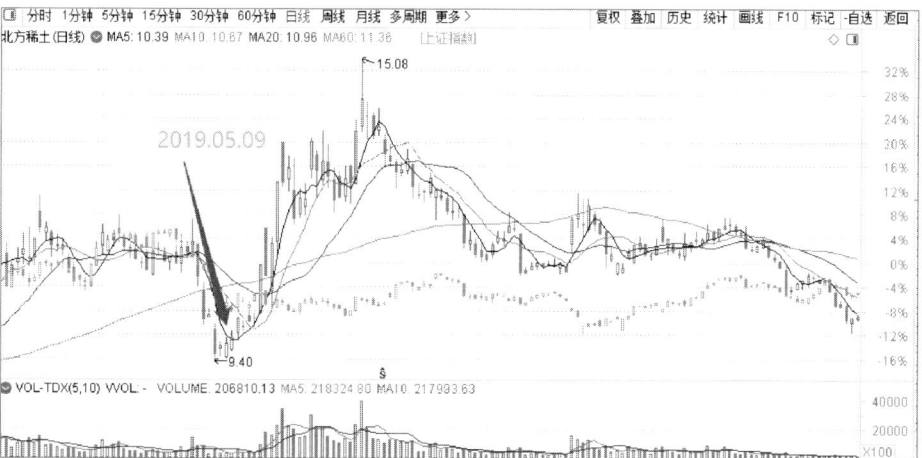

□ 分时　1分钟　5分钟　15分钟　30分钟　60分钟　日线　周线　月线　多周期　更多 >　　　复权　叠加　历史　统计　画线　F10　标记　-自选　返回

北方稀土（日线）○ MA5: 10.39 MA10: 10.67 MA20: 10.96 MA60: 11.38 [上证指数]

15.08

2019.05.09

9.40

○ VOL-TDX(5,10) WOL:- VOLUME: 206810.13 MA5: 218324.80 MA10: 217993.63

通过上面图中展示的几只具有代表性的个股（金力永磁、中钢天源、广晟有色、北方稀土），我们可以看出，包括稀土板块中的权重个股在内，都存在着极其客观的投资机会，至少有60%以上的盈利空间。既然这种老树发新芽式的行业，在发展过程中遇到特殊情况，也会酝酿着如此可观的投资机会，那么，作为市场的参与者，就需要在第一时间将其挖掘出来，下面仍然以此次稀土板块行情为例，和大家一起剖析一下如何第一时间抓住这些投资机会（在第9章中将会为大家详细介绍主题投资的方法）。

通过复盘可以摘出当时引起行业预期改变的核心，因为稀土产品是高科技行业所不可或缺的一项重要生产资源，所以，这种市场预期合情合理，因此，我们可以把此次事件的核心要点进行摘录：（1）产品提价；（2）重稀土（因为重稀土的提炼对技术要求更高，产品相应价值也更高）。

顺着这两个方向我们可以重点分析A股市场当中相对应的公司，首先找到哪些公司主要产品是重稀土，然后寻找哪些品种涨价幅度最高（稀土元素分为"轻稀土元素"和"重稀土元素"）。轻稀土又称铈组：镧、铈、镨、钕、钷、钐、铕、钆。重稀土又称钇组：铽、镝、钬、铒、铥、镱、镥、钪、钇。通过对各个公司的产品市场占有率进行分析，最终我们可以找到三家重稀土绝对储量和生产能力都处于龙头的企业——五矿稀土、广晟有色、北方稀土。

其中，五矿稀土以五矿赣州稀土分离业务为主，而全球已探明储量有高达70%的重稀土分布于赣州。其余两家也在稀土矿藏储量和分离冶炼技术行业中各有千秋，我们很容易把A股市场当中稀土权重最高的三家公司筛选出来，而事后复盘也可以发现这三家公司虽然因为自身流通盘过大而不是指数涨幅最高的公司，但它们都是贯穿于整个稀土板块炒作的全过程。而其他几家指数涨幅比较高的公司，主要是一些特殊事件或者上涨时间原因导致。比如金力永磁之所以上涨最高是由于新闻联播重点播报了该公司。但我们在投资生涯中，很难把握住这类没有核心逻辑的机会，大概率只能凭运气抓住，但通过基本面和事件核心分析后筛选的标的，却可以持续性地带来投资收益，一定要记住：投资市场中长久盈利的重要性远远大于凭借运气带来短期暴利的重要性。

# 第 3 章

# 生活方式的变迁带来的
# 投资机遇

仅仅四十余年的时间，我国GDP由3 678.70亿元 (1978年) 增长到101.6万亿元 (2020年)，年均实际增长9.5%，远高于世界同期的经济年均增速 (2.9%左右)。全国总GDP占世界生产总值的比重从1.8%上升到15.2%，人均GDP也在2019年突破10 000美元，如此巨大的经济跃迁给人们的生活方式带来了巨大的改变。

又如，从茹毛饮血的时代到农耕时代也是巨大的生活方式变迁，但追溯太远并没有实际价值，真正有分析价值的是：资本市场成立以来经济高度增长的阶段。其中：生活方式最直观的数据需要以人均GDP为参考指标（人均GDP是一个国家或地区的GDP与当地人口总数的比值，是一个衡量当地人民生活水平高低的重要指标）。下面为大家展示我国改革开放以来的人均GDP变化。

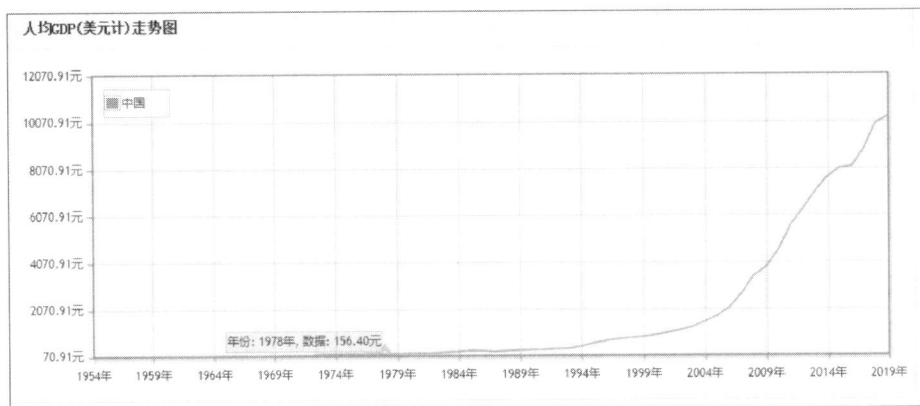

（中国历年人均GDP走势图，数据来自快易理财网）

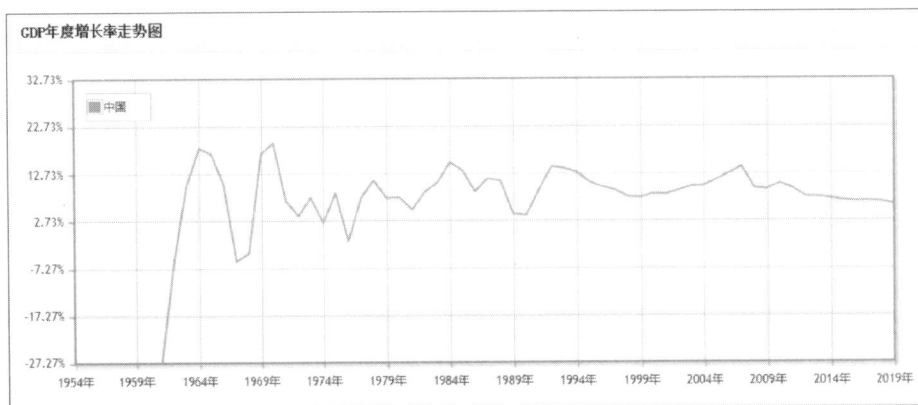

（中国历年GDP年度增长速率，数据来自快易理财网）

从上面两图中可以看出：我国人均GDP从1978年的156.4美元增长到2019年的10 261.68美元，人均GDP在这41年期间整整翻了65倍。而且从图线的斜率也可以做出判断：从1999年以后，人均GDP开始高速增长，这意味着从2000年开始,物质生活的丰富程度也开始了由量到质的变化。这一点感受最深的群体应该是"70后"和"80后"。这两代人,几乎完整经历了从物质极大匮乏到物质逐渐丰富的阶段,无论是衣食住行、通信方式、精神文化生活等,都是在这四十余年中,经历了从无到有、从稀缺到逐渐富足的巨大变迁。而伴随着时代的变迁,我们也见证了很多商业传奇的起起落落,每一次生活方式的改变都会伴随着传统巨头的没落和新生巨头的崛起,周而复始,这也印证了那句话:这个世界唯一不变的就是变化。

# 3.1　衣食住行改变背后的机遇——消费升级

消费升级其实是一个很古老的话题,远比资本市场的发展历史久远,而消费升级的背后恰好与马斯洛的需求层次理论不谋而合。

该理论由美国心理学家亚伯拉罕·马斯洛于1943年在《人类激励理论》论文中提出,将人类需求像阶梯一样从低到高按层次划分为五种,分别是生理需求、安全需求、社交需求、尊重需求和自我实现需求,这个从低到高的需求演变恰好与消费升级的发展相吻合。

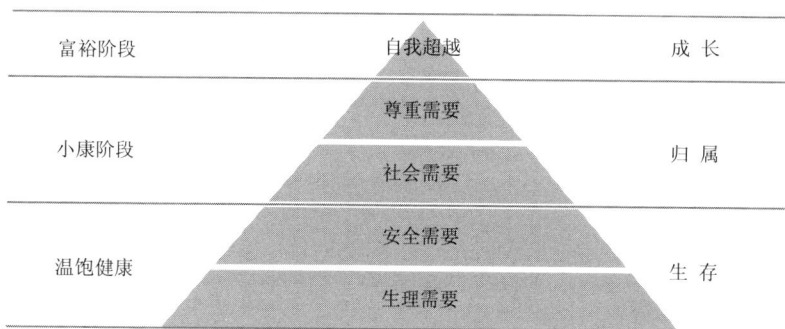

20世纪70年代末，改革开放的初期，人们对商品消费的追求仅仅停留在生理需要方面，数量都有待完善更别提质量，而经过一段时间的探索与发展，在20世纪末期，伴随着A股的成立，加之居民物质生活逐渐丰富，国内开始形成相对完善的市场经济结构，特别是2000年前后，市场经济高速发展了10年，逐渐开始讲究生活的质量、品质，从此开始消费升级，与消费升级相关的衣食住行产业格局逐渐形成。

### 1. 衣帽服饰

1989年"体操王子"李宁退役后，创立了"李宁"体育用品品牌，并且通过与奥组委冠名合作，开创了中国体育用品品牌的经营先河。经过数十年的发展，李宁逐渐成长为国际服饰巨头之一，并在2004年在中国香港上市，仅2019年的销售额度，就高达138亿元人民币。无独有偶，国内A股中第一家服装类上市公司基本与李宁品牌的创立时间相差无几，也在2004年登陆资本市场，其股价的趋势发展直观形象地体现出老百姓的经济水平提升与审美演变。

夹克是七匹狼公司在1991年推出的一系列旗舰产品，在20世纪90年代，一件皮夹克、一条牛仔裤和一款蛤蟆镜就是潮流的代表。从1991年到2000年，七匹狼也凭借各种式样的夹克成为名副其实的"夹克之王"，并于2004年登陆A股成为第一家在国内上市的服装企业，我们通过当时的股价就能够看到当年的"夹克之王"的风光。

七匹狼男装从1990年创立到2004年上市，国内自主品牌男装经历了一场从无到有的变迁，并且此时国内正处于改革开放带来的飞速发展的红利中，七匹狼在这四年的上市期间，其股价从最低的7.23元上涨到80.34元（2008年1月），公司市值翻了十倍不止，也正是这段高速上涨的历程，奠定了最初的"夹克之王"地位，股价在这一阶段也是一路向上。

接着再看第二个阶段。从2008年开始，经历了改革开放30年的飞速发展，纺织业在国内市场的发展已经逐步走向成熟，这段时间逐步开始大量涌现出一定规模的男装品牌，类似于361°和美特斯邦威等时尚运动装，太平鸟、与狼共舞等商务休闲装。所以，面对竞争逐渐白热化的国内市场，公司的股价增长悄悄地"慢下来"，但得益于不断扩大的外贸出口，加之服装领域先入者的优势，七匹狼的股价仍然是在增长趋势中，从股价上的走势可以分析出：这几年的股价也是翻了一倍，但与2004—2008年这四年翻十倍的盛况已迥然不同，可以直观说明，随着时间的推移，七匹狼的主打产品——夹克，已经不再是男装潮流的主角，男装品种百花齐放，包括运动、休闲、时尚、正装等诸多风格。当然，这一期间，七匹狼管理层也意识到了这种问题，无论是开发新产品、设计新品类，还是聘请男星打造硬派男装的风格，都体现出管理层在寻求突破变局的努力。2013—2015年，随即迎来的是中国股市的牛市，以及2015—2020年探底回升的平稳期。

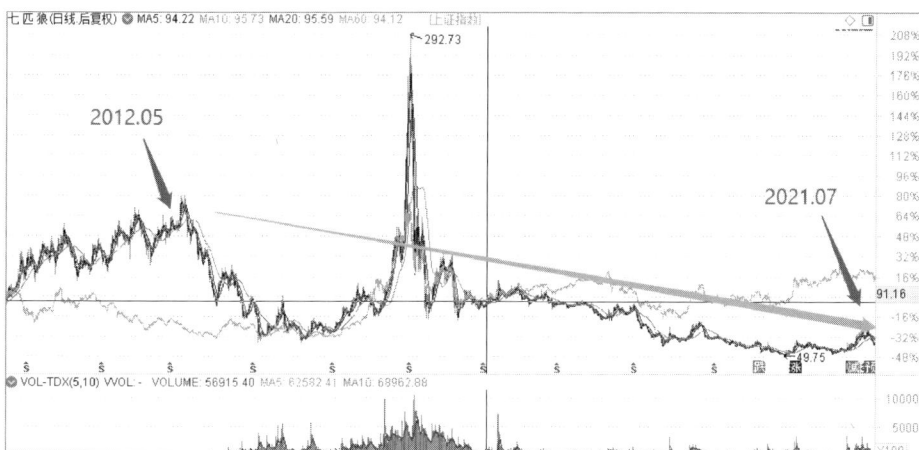

2012—2021年七匹狼股价（后复权）

2012年以后，随着国内服装行业整体发展竞争逐步进入白热化阶段，加之消费者审美上的改变与消费水平的升级，传统的皮夹克、牛仔裤等基础时装已经不能满足审美水准日益提高的消费群众，而且国内的时装行业从单纯的模仿（借鉴国外款式）发展到自主创新（结合传统文化），各式各样的时尚品牌如雨后春笋般涌现，比如，曾经响彻大街小巷的广告语"美特斯邦威，不走寻常路""男人的衣柜海澜之家"等，都在这一时期大放异彩（不同阶段）。当面临国外大品牌的降维打击，加之国内诸多新品牌的白热化竞争，七匹狼在这个阶段的股价表现，除了2015年短暂的牛市，出现一波急涨急跌的波动外，在最近十年的大方向是一路低迷，其公司销售额和市值也在不断下滑。我们接下来再分析这一阶段的男装新晋品牌——海澜之家。

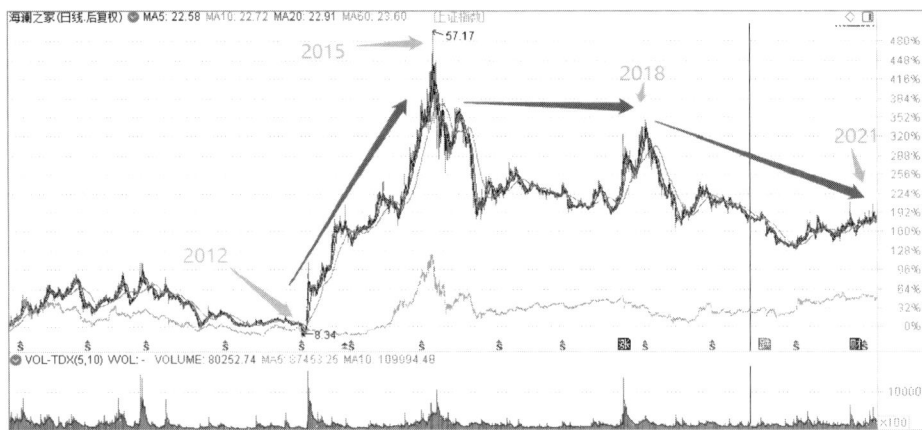

海澜之家2012—2021年股价（后复权）

从上图中我们可以看出：2012—2018年期间，在国内第一家服装上市公司（七匹狼）的营业规模和市值不断下滑时，海澜之家的市值反而一路高升，尽管经历了2015年的股市波折，股价也能在2018年又回到相对高点。其中缘由可能是不同于七匹狼专业定位于商务休闲男装，海澜之家的经营策略是快消品式的全品类男装，从饰品到各类衣服，并且通过明星代言，在年轻人中迅速引领了一段时间的市场潮流，从股价上也能直观展现2012—2018年为海澜之家经营规模飞速发展的阶段。

三十年河东，三十年河西。一个品牌若想长盛不衰是一件相当不容易的事，特别是进入新时代，年轻人的潮流几年一变，稍微跟不上时代的步伐就很容易被甩下"车"，2018年之后的海澜之家尤为如此，2018—2021年，海澜之家、七匹狼、九牧王、报喜鸟和红豆股份等诸多男装上市公司股价都表现不佳，截至目前，这些公司每年的销售规模和股价都有不同程度的缩水，这种情况的出现并不是因为出现了更大的服装巨头来蚕食市场，而是消费结构的纯粹转变，那到底消费结构发生了怎样的转变呢？

男人在日常消费品中的花费比例不断地下滑是一个不争的事实，男性的消费占比更大比例上被房贷、车贷等大项挤占，而且男性普遍对生活的精致度追求不够，所以，最近这几年男装的营业规模不断缩减，核心是消费结构的转变，这一点大家应该也是有深刻的切身体会。而女性用品包括医美类消费、化妆品、衣帽服饰等利润率达到惊人的90%以上。反观男性的主要消费品手机、电脑等，利润率普遍在20%以下。在这种大背景下，众多国内男装品牌作为男性消费品，显然就是消费结构转变之下的"牺牲品"。

### 2. 美妆类

爱美是人类的天性，"女为悦己者容"自古以来就是"真理"一般的存在。所以，站在女性角度来看，追求美是不分年龄的。而在追求美的道路上，最先接触的就是化妆品，它在女性消费品当中有着永续消费的属性，从开始使用几乎就会伴随一生。而且在追求美的道路上，女性向来是不会吝啬的。所以，近几年伴随着消费升级，美妆类产业链着实是一年接着一年的好光景，较为有代表的国内上市公司是珀莱雅。

珀莱雅是国内美妆公司的龙头企业，自2017年上市后就受到投资者的广泛关注。作为本土大众美妆品牌的龙头企业，无论是在自主研发还是销售，都有很大的优势，唯一不足的是该公司的历史较短，并且相对国外大品牌溢价能力较弱，但这里说的溢价能力相对较弱也是和国外同类大品牌公司相比，如果对比其他行业，其60%～70%的毛利率，仍然可以让其他行业望尘莫及，并且该公司的股价增长背后也是有着业绩的支撑，从上市以来，该公司的净利润始终以高于20%的同比幅度增长。从2017年上市至今，从最低价22.09元最高涨到218.79元，三年多翻了十倍，并且始终保持在高位，从来没有过大幅度的调整，如下图所示，这种走势甚至可以媲美A股的"股王"贵州茅台了。

2017—2021年珀莱雅股价表现（后复权）

### 3. 医美行业

医美行业进入国内比较晚，因为在传统观念中，大部分人不太接受通过手术的方式来改变自己的容貌，但随着时代的发展，在观念上对美的追求远超以往，所以，医美这个行业也逐渐在国内兴起，从最初的文眉、美甲等简单的美妆方式到注射玻尿酸等微调，再到削骨、磨皮等手术的改变。随着国内医美市场的逐渐成熟，手术医疗手段的逐渐完善，越来越多的人也开始尝试在国内做医美手术，借此医美行业迎来了高速发展。尽管国内A股上市的公司，主营医美业务的并不多，但有一个算一个，它们股价的走势都是"牛气冲天"，比如2019年底才选择在国内科创板上市的华熙生物，如下图所示。

华熙生物2019年11月6日—2021年8月5日股价走势（后复权）

华熙生物的主营业务是玻尿酸，该公司是玻尿酸行业的龙头企业，在玻尿酸的全产业链上都有布局，从原料、医疗、护肤品到围绕透明质酸和其他生物活性物质的应用，尽管上市时间不长，但不到一年半的时间，股价从最低的72元涨到314.99元，接近三倍的涨幅。从该公司的财务数据可以明显看出：产品销售的毛利润已经达到了惊人的80%以上，而且公司的销售规模也在同期高速增长。

到目前为止，国内还没出现一家医美行业的绝对龙头，可以看到，此行业目前还在高速增长，那么，选择这个投资方向的成功率显然是要比行业饱和度已满的传统行业要高很多。

## 3.2　信息交流升级带来的产业变迁——1G至5G

现代人类的社会发展史可以看作是一部信息发展史，最初语言和文字的诞生，让人类从原始社会进入文明社会，通过语言的传播大大加速了文明的进程，因为语言所带来的信息量远超过动物之间凭借经验相传的信息容量。紧接着便是文字的出现，文字使人类在信息方面的保存和传播取得了重大突破，大大地超越了时间和地域的局限，一举把人类社会带入铁器时代，人类文明因此也步入农耕文明，从此告别了茹毛饮血的时代，真正开始走向了文明。

随即经过了第一次工业革命和第二次工业革命，电话、广播等依赖电磁波传播的信息方式诞生了，这些科技的发展和广泛应用，使人类的信息传播达到了前所未有的规模，人类的文明也步入电气时代。随着互联网和新媒体的出现，人类社会步入现代社会后逐渐又开始演变成万物互联，未来会演变成什么样呢？可能会出现科幻电影中那样：带上头盔，意识就进入另一个四维空间，可能只要心念一动，身边的家用电器就会自动执行你想让它做的事，具体会变成什么样？只能放飞我们的想象力了。

再从国内资本市场角度分析：随着信息科技的升级，各个产业的演变及其孕育的机会，伴随着技术的迭代，出现各个通信类公司的股价起伏。

进入20世纪90年代后，国内通信业务开始迅速发展，在中国通信业启蒙时期出现了四家有代表性的通信制造商，也就是大名鼎鼎的"巨大中华"——巨龙通信、大唐电信、中兴、华为。

截至目前，代表着中国通信业启蒙的四家公司，现状各不相同，其中巨龙通信在1991年独立自主研制出具有完全自主产权的数字交换机，填补了国产万门程控交换机的空白，并且在性能上步入同一时期的国际先进水平，被国人称为"中华争气机"也就是著名的"04机"，然而经过两次重组，巨龙通信的辉煌不再，时至今日已经淡出人们的视线。

大唐电信，如果按照当时的情形，其通信血统最为纯正，大唐电信的设立便是由电信科学技术研究院作为主要发起人，联合13家背景深厚的通信机构而共同发起，当时也是TD技术专利最多的一家公司，可是，当社会进化到4G时代，大唐电信并没有抓住机会，导致目前生存状况堪忧，虽然在资本市场上仍有百亿市值，但其业绩表现已是日薄西山，目前正等待被烽火通信（通信行业的后起之秀）重组。

中兴的前身是深圳市中兴半导体有限公司，其成立时间比华为还要早两年，于1990年自主研发出第一台数据数字用户交换机，不仅满足了我们国家的需求，还一度出口到国际市场，在2018年以前发展势头都很迅速，只不过从2018年开始，公司业务的销售规模遭受重创，但即便如此，中兴目前仍然位列全球通信器材厂商前四。

华为科技，毋庸置疑，2019年仍在世界500强企业中排列第61名，远超腾讯、阿里巴巴，值得一提的是，华为的排名是奠定在无数高科技技术专利与高科技人才之下，旗下的大多数业务都处于世界前列，其中通信行业全球第一，手机出货也是第一，服务器市场全球第三，华为依靠其坚实的技术储备和夯实的基础，在国际上做得风生水起，可以称为国内所有科技型企业的标杆。

尽管这四家通信公司的现状各不相同——但无论如何也不能磨灭这四家公司在国内通信业起步之初的功绩，"巨大中华"这四家通信公司便是中国通信业的基石。

信息产业升级之下带来了怎样的产业变迁？

从1949年一直到十一届三中全会期间，重工业是国内经济结构的发展重心，汽车、飞机等的研发成功，都要归功于那个时间段，但通信业在这时的发展基本为零。老百姓的通信基本上以邮政信件为主，几乎所有的民用信息传递都是通过邮递员来完成，先不讨论其信息量承载的大小，单单时效性就是一个大问题，但随着"巨大中华"四家通信巨头的崛起，一举把国内的信息产业带入了电磁波时代，这里我们重点讨论的焦点，也是进入电磁波和光电子时代之后的产业结构变迁。

如今在通信行业最热的词当属5G，通过这个名称本身不难猜测，在5G之前应该是有1G、2G、3G和4G，这里的G是英文单词Generation的简写，而5G代表着第五代移动通信技术。

通过观察从第一代移动通信技术（1G）到第四代移动通信技术（4G）的发展，我们可以发现有三个规律：

第一个规律是从来没有什么技术是永恒的。随着技术的发展我们可以看到，在不同的年代，都会因为技术或者市场的缘故出现一些行业寡头，比如1G时代的摩托罗拉，2G时代的阿尔斯通，尽管它们在当时是那么的"不可一世"，甚至是行业的启蒙者，但当技术飞速迭代和发展时，并没有哪家公司或者哪项技术是长盛不衰的。

第二个规律是曾经在技术层面和市场层面的优势，可能会变成新技术出现之后的牵绊。像美国和欧盟在1G和2G时代各领风骚数十年一样，1G时代的霸主摩托罗拉因为之前的技术和市场上的领先导致对新技术研发的不重视，最终被欧盟的2G技术取代，正因为美国在战术上的轻视，让其花费了两个时代才在4G通信技术普及时赶了上来。

第三个规律是如果想打破落后的局面，必须提前布局新行业的发展方向。我国就是一个实际的例子，由于历史原因，我国通信业的发展远远落后于国际，所以，我们看到在1G、2G、3G的发展过程当中，我国始终是在为落后的技术买单，承受着非常昂贵的通信费。同时，因为每次通信技术的发展都处于劣势，所以无论怎么追赶，都赶不上行业的发展，于是国内各通信巨头开始提前布局下一个通信技术时代的变革，终于在4G阶段追上了国际的步伐。大家可以直观地感受到这样的信息：国家战略层面都会受到产业变迁的影响，一招不慎，就会出现巨大的经济层面的损失，更何况是个人投资者。

最后是第五代移动通信技术，也就是目前广为人知的5G。经过了前四代通信技术的变革，只要是明眼人都能够看出，谁掌握了下一代通信标准，谁就能在下一个信息时代的竞争中拥有经济优势，所以，在第五代通信产业的赛道上，我们看到各个有能力独立自主开发通信标准的国家之间掀起了比以往更为激烈的竞争潮。

在1G时代，美国通过摩托罗拉领先全球，获取了不菲的经济利益，但由于过于沉溺于过去，导致在2G、3G时代一直落后于欧洲，之所以在4G时代迎头赶上，也并不完全是高通在4G网方面的技术优势，更多地依赖于苹果的iOS系统与谷歌的Android系统，这两家科技巨头公司开发的操作系统，目前应用于绝大多数的智能手机，特别是苹果公司的iPhone手机系列，重新定义了消费者的审美观，用一己之力在3G、4G时代把所有手机都变成了同一模子生产的产品，大家知道在诺基亚的塞班系统年代，手机的样式五花八门，而苹果最巅峰的年代，几乎所有生产厂商生产的产品都是按照着苹果产品生产。

所以，再次尝到甜头的美国当然想在5G层面上领导全球通信标准，只不过，不同于以往中国只能充当陪跑的角色，在5G的竞赛中，因为华为、中兴、烽火通信等大型通信公司产品竞争力逐渐在国际上崭露头角，此时我们国家在5G标准的赛道上已经可以和欧美国家分庭抗礼，特别是华为公司在通信器材的产品竞争力全方面碾压欧美各大公司。目前，全球共有三个5G通信标准，分别是中国华为研发的Polar技术、美国高通研发和推广的LDPC技术、法国研发的Turbo技术。而伴随着5G技术的推广，在我们日常生活当中各个产业必然会迎来新一轮的发展机遇，就像曾经前四代移动通信技术变革时那样，1G时代大家可以远程交流打电话，2G时代短信面世，3G时代上网冲浪看图片、刷论坛，4G时代可以看视频、看直播，那5G时代呢？

从最直观的感受去推断，5G出现后数据加载的速度当然会远超4G，5G下的数据加载速度是4G时代的10倍到100倍不等，下载一部电影的时间开始以秒来计算，这种数据加载的速率使超高清视频得以商用，并且在游戏层面催生了云游戏等产业的发展，甚至把虚拟现实（VR）也嫁接到了诸多新的行业应用之中。

2014年，当"互联网+"扩张到出租车行业的时候，人们惊奇地发现，提升出租车使用效率的窘境被"互联网+出租车"克服了，早些年都是官方推动寻呼电台或者打租车电话，然后通过客服分配车辆派遣，但效率仍然十分低下，但通过手机移动互联网加上导航定位技术，竟然很顺畅地把打车这个难题很好地解决了，于是各种打车软件如雨后春笋般涌现，其中又以"滴滴打车"和"快的打车"软件为领头羊，于是这两家公司也被腾讯和阿里巴巴收入囊中，随即著名的"滴滴、快的"竞争变成阿里巴巴与腾讯间的竞争。

2018年，出现了一条搅动资本大局的鲇鱼——字节跳动。

字节跳动可能还会有一些朋友不太熟悉，但说到今日头条和抖音这两大现象级App应该就无人不知、无人不晓了，不同于腾讯、阿里巴巴等互联网公司成立于2000年之前，占尽天时优势，字节跳动这家公司直到2012年才开始创立，但就是用这短短不到十年的时间，旗下抖音App在国内的日活跃用户就超过六亿，而海外版抖音TikTok更是成为全球下载量最高的手机App，总下载量超过20亿次，截至2020年底，字节跳动的产品和服务已经覆盖了全球150多个国家和地区，员工人数已经超过6万，从一个只有一间屋子的小工作室到在全球设立超过250个分公司的超级互联网公司，字节跳动只用了八年的时间。而之所以字节跳动能够硬生生地顶着头上几大互联巨头达到如此体量，甚至在海外做到了其他国内互联网公司都做不到的地位，很大的原因就在于它抓住了4G时代短视频的流量红利和开创性地发明了算法推荐这种信息分发模式。要知道在3G时代，比较火的视频软件以优酷、土豆、爱奇艺等视频网站为主，其主要作用是看电影、追剧或是个人拍摄微电影，因为在优酷、土豆之前，人们看电影都要去影像厅购买光盘或去电影院，所以，当人们看到可以在网上看视频的时候，尽管网速不佳，但能在这些网站上免费看视频和下载电影，总是让人眼前一亮。后来随着网速的不断提升，在4G时代大家可以在手机上无延迟地看视频，于是字节跳动抓住了这个机会，并创造性地发明出了根据用户偏好和需求推送信息和内容，算法与短视频相结合的抖音，于是在短短几年内，在腾讯和阿里巴巴等传统互联网巨头还没有反应过来时，就成长成为一棵参天大树，号称互联网界除腾讯、阿里巴巴以外的第三极，因为已经成长起来，所以，当腾讯反应过来时想用老套路，利用自己的社交用户流量优势开发出新的类似于抖音的软件——腾讯微视,才发现已经无法撼动抖音的地位了。

从字节跳动的发展奇迹上我们可以看到,随着时间发展和技术迭代,没有什么东西是永恒的,即便它们在当时看起来是那么的强大和不可撼动,但只要抓住发展的脉搏,机遇无处不在,也许在未来的某一天,当VR等新技术发展到一定程度,会出现更具有创造力的产品去颠覆现在的互联网格局。

## 3.3　娱乐方式的不同——线上娱乐的发展,线下娱乐的发展

中国经济和互联网的发展,尤其是移动互联网的发展促进了大众需求的提升,人们开始追求更细致的情感满足,特别是新生代("90后""00后"),而娱乐正是满足大众精神需求的重要方式之一。同时,需求的提升促进了更高层次、更个性化、更符合自己认知的消费行为产生。大环境的发展推动了大众对于精神消费的重视,目前来看,这种高层次的精神消费还处于起步阶段,存在很多投资机会。随着技术的变迁,人们的娱乐方式也会不断发生变化。

### 1. 线上娱乐发展

随着互联网技术的不断发展,线上娱乐有了很大的发展,特别是内容付费的意识逐步在大众头脑中形成,使得内容消费有了大规模的发展,比如知识付费(微博、喜马拉雅、荔枝FM等)、版权付费(VIP音乐、VIP影视、小说等)、网综、网剧、直播、短视频等。

由于当下的线上娱乐主要以图文、音频、视频、直播为主,因此,对内容质量、原创个性要求特别强。人群主要由原先的"70后""80后"变成了"90后""00后"。

### 2. 线下娱乐发展

随着人民生活水平的提高、参与群体的逐步年轻化（"90后"和"00后"的新生代），加之线上娱乐过于虚拟化、个人化，已经不能满足人们在真实世界的社交需求，更不符合时代发展的大趋势，因此，线下娱乐逐步与线上内容相结合，也就是围绕线上娱乐内容打造线下场景化体验，实现线上线下的互动场景体验且更新速度快，促成线下娱乐的升级发展，越来越受到大众，特别是新生代的喜欢，驱动了行业发展，2017年，中国线下娱乐行业总体市场规模达到3 735.1亿元，2019年总体试产规模在4 900亿元左右，并以每年15%左右的速度增长。

线下娱乐升级涉及的门类较多，我将其简单归为两类：观赏类（漫展、线下脱口秀、音乐节、体育比赛等）和参与类（DIY工作坊、主题乐园、沉浸式游戏、VR体验馆、登山、真人CS等）。

随着新生代消费群体成为主力且消费能力和频次越来越高，线下娱乐会朝着以下几个方面发展：

- 线下娱乐为线上娱乐引流：线下娱乐不仅满足大众的社交需求和互动体验感，还能激发大众尝试对应的线上娱乐形式（包括潜在用户群体），成为线上娱乐的引流口。

- 线下娱乐水准会越来越高：由于线上娱乐具有更新、更快、原创性高的特点，可使线下娱乐与线上娱乐快速融合，制作出大众更喜欢、更流行的娱乐场景体验。弥补了传统线下娱乐内容单薄、老旧过时的缺点。

- 线下娱乐充分运用高科技：高科技在线下娱乐普及应用，更能为大众带去新鲜感和刺激感，提升感官刺激，从而带动对应高科技行业的快速发展。

# 3.4 安全需求升级——生物识别技术

在一些商场门店或是售楼部都会有一些摄像头，不熟悉的朋友会以为是普通的摄像头，用于安保监控，其实不然，有些摄像头专门用于收集和识别人脸信息，用于商家后期的客户锁定（在2021年央视3·15晚会曝光了这一现象）。这种摄像头的技术核心就是生物识别技术。一些朋友可能会问：生物识别技术到底是什么？它是指通过计算机与光学、声学、生物传感器和生物统计学原理等高科技手段密切结合，利用人体固有的生理特性（如面部指纹、人脸、虹膜等）和行为特征（如笔迹、声音、步态等）来进行个人身份的鉴定。由于个人安全需求和公共安全需求，生物识别技术已经逐步普及。

其中，个人安全需求主要是将生物识别技术用于智能终端，如手机、iPad、门锁、摄像头等。公共安全需求是在政府部门主导下用于公共场所，如大型工程、反恐、银行、电子商务、安全防务、智能交通等。

全球市场对生物识别产品的需求在2010年已经达到71亿美元。在2011—2015年，生物识别设备的综合性年增长率将达到21.3%左右。指纹生物识别应用最多，也是应用最早的生物识别技术，在2007—2012年，此项识别技术是生物识别技术收入的主要贡献者。2007年，其产值为13亿美元，在2012年已经达到27亿美元，年增长率为16%左右。增长的主要原因是指纹识别设备的价格下降，以及政府部门对指纹识别设备的推动和依赖。另外，人脸识别市场从2007年的4.59亿美元增长到2012年的13亿美元，年增长率为24%。掌形识别在2007年也是增长较大的市场，其产值为2.43亿美元，在2012年掌形识别已达到7.526亿美元。其他生物识别技术如虹膜识别、中间件、多峰形性、声音识别、笔迹识别等的市场规模总和为7.29亿美元。在2012年已达到23亿美元，年增长率为26%左右。

很明显，安全需求的升级，生物技术识别方面就能带来很多的投资机会，如语音识别、指纹识别、虹膜识别、人脸识别、视频监控等行业。大家在实操中可先细分行业龙头，然后再对标中意的企业（最好在技术上有垄断性质的科技，而且处于成长期）。

# 第 4 章

# 不同行业的投资机会
# 在哪里

　　无论是职业投资人、机构或是散户买股票都有最基本的底层逻辑：买股票首先要选好行业，也就是选好赛道，然后才去选择优秀的企业等。无论是价值投资者、趋势投资者或是主题投资者等，一定要先走好第一步——选行业。如何选择优秀的行业或是稳当获益的行业？需要大家对行业进行了解分析，掌握它们的"属性"特点，然后下手入场，千万不能冲动或是听他人的吹捧推荐，一定要亲力亲为，不能偷懒，毕竟它是构建自己交易体系的重要一环。

# 4.1 周期性行业

周期性行业（Cyclical Industry）是指与国内或国际经济波动相关性较强的行业，可简单理解为受经济周期影响较大的行业。经济低迷，行业亦表现为低迷；经济繁荣，行业也会表现为高涨，其中较为典型的周期性行业包括：大宗原材料（如钢铁、煤炭等）、工程机械、船舶等。

其较为明显的特征是：产品价格呈周期性波动，产品市场价格是企业盈利的基础。在市场经济条件下，产品价格形成的基础是供求关系，而不是成本，成本只是产品最低价的稳定器，但不是决定的基础。

它有明显的四个阶段：繁荣、衰退、萧条、复苏。

我要特别强调一点：还有一些非必需的消费品行业也具有鲜明的周期性特征，如航空、酒店等。因为一旦人们收入增长放缓及对预期收入的不确定性增强，就会直接降低非必需商品的消费需求。

金融服务业（保险除外）由于与工商业和居民消费密切相关，也有显著的周期性特征。对于新手投资者可以简单理解为：提供生活必需品的行业就是非周期性行业，如医疗、医药行业，反之，提供生活非必需品的行业就是周期性行业。

对于周期性行业，我们怎样来决定投资策略，这是我们主要关心的事项，也是我们投资的出发点，下面为大家分享几种策略。

**1. 周期触底反转前介入**

投资周期性行业股票的关键在于对时机的准确把握，如果你能在周期触底反转前介入，就会获得极为丰厚的投资回报，但在错误的时间点或是错误的位置介入，如周期到达顶端时买入，则会遭遇严重的损失，可能需要忍受5年，甚至10年的漫长等待，才能迎来下一轮周期的复苏和高涨。

### 2. 看利率

利率是把握周期性股票入市时机最核心的因素。当利率水平低位运行或持续下降时，周期性的股票会表现得越来越好，因为低利率和低资金成本可以刺激经济的增长，鼓励各行各业扩大生产和需求。相反，当利率水平逐渐提高时，周期性行业会因为资金成本上升失去扩张的意愿和能力，周期性的股票则会表现得越来越差。

投资者需要注意的是，当央行开始减息时，通常不是介入周期性股票的最佳时机，因为这时是经济景气最低迷之际，有些积重难返之势。起初几次减息不会立即见到效果，周期性股票还会维持一段时间的跌势，只有在连续多次减息刺激后，周期性行业和股票才会重新焕发活力。同理，当央行刚刚开始加息时，投资者也不必急于离场，周期性行业和股票还会继续风光一段时日，只有在利率水平不断上升且接近前期高点时，周期性行业才会明显感到压力，这才是投资者开始考虑转向的时间点。

### 3. 看市盈率

市盈率是价格与利润的比值，即PE，也被称"本益比""股价收益比率"或"市价盈利比率"等。它的计算公式为：市盈率=总市值÷净利润额或市盈率=每股股价÷每股收益。被大家看作最常用来评估股价水平是否合理的指标之一，但我要提醒各位投资者不能对它太过于迷信，因为它对于投资周期性股票往往会有误导作用，低市盈率的周期性股票并不代表其具有投资价值，相反，高市盈率也不一定是估值过高。

以钢铁股为例，在景气低迷阶段，其市盈率只能保持在个位数上，最低可以达到五倍以下，如果投资者将其与市场平均市盈率水平对比，认为"便宜"后买入，则可能要面临漫长的等待，会错过其他投资机会甚至还将遭遇进一步亏损。而在景气高涨期，如2004年上半年，钢铁股市盈率可以达到20倍以上，那时如果单凭市盈率不断走高而不敢买入钢铁股就会错过一轮上升行情。

### 4. 看市净率

相对于市盈率,市净率(每股股价与每股净资产的比率)由于对利润波动不敏感,倒可以更好地反映业绩波动明显的周期性股票的投资价值,尤其对于那些资本密集型的重工行业更是如此。当股价低于净资产,即市净率低于1时,通常可以放心买入,无论是行业还是股价都有随时复苏的极大可能性。

### 5. 配置不同阶段受益最多的行业股票

在整个经济周期里,不同行业的周期表现仍然有所差异。当经济在低谷出现拐点,且刚刚开始复苏时,石化、建筑施工、水泥、造纸等基础行业会最先受益,股价上涨也会提前启动。在随后的复苏增长阶段,机械设备、周期性电子产品等资本密集型行业和相关的零部件行业都会有优异的表现,投资者可以调仓买入相关股票。在经济景气的最高峰,商业一片繁荣,这时上场主角就是非必需的消费品,如轿车、高档服装、奢侈品、消费类电子产品和旅游等行业,换入这类股票可以享受到最后的经济周期盛宴。所以,在一轮经济周期里配置不同"阶段受益"最多的行业股票,可以让投资回报最大化。

### 6. 读资产负债表

在挑选那些即将迎来行业复苏的股票时,仔细地对比评估这些公司的资产负债表,可以帮助你找到表现最好的股票。那些资产负债表健康、相对现金流宽裕的公司,在行业复苏初期会有更强的扩张能力,股价表现通常也会更加抢眼。

【补充:绝对现金流一般是指企业所有的现金流入和流出。相对现金流是指两个企业之间,比如企业A收入500,企业B收入700,那可以说B相对A来说,现金流入200。】

## 4.2 朝阳行业与夕阳行业

朝阳行业与夕阳行业没有明确的定义,大家可以简单理解为:朝阳行业就是

刚刚兴起，正处在发展阶段，并且有相当大的发展空间的行业，比如沉浸式游戏、
生物技术、通信行业、智能软件、养老或殡葬行业等。下图所示是殡葬行业2010—
2018年的行业情况。

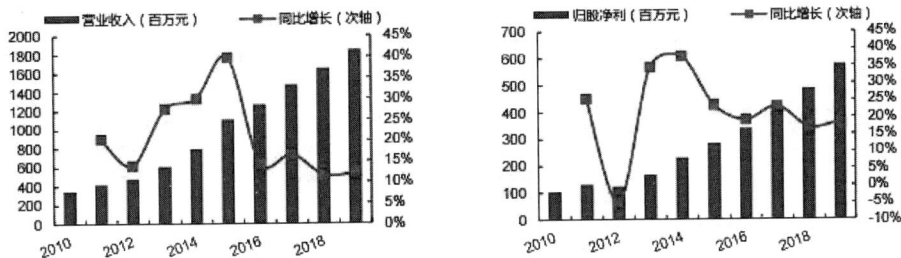

夕阳行业，曾经也有过很长一段时间的辉煌，但是随着准入门槛降低，竞争
者越来越多，不断压缩市场利润，导致该行业逐渐减弱，同时新技术、新产业开始
替代该行业，但是仍有它存在的价值，如地产行业、纸质传媒行业，下图所示是地
产行业的走势。

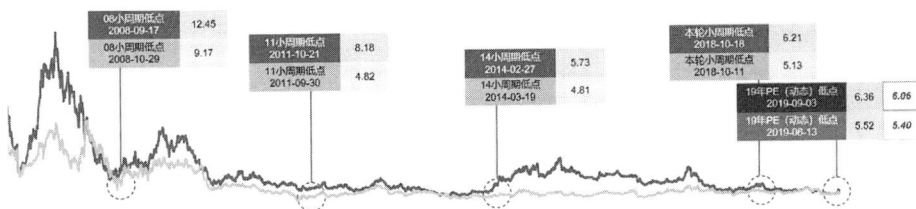

在投资中，大家是选择朝阳行业还是夕阳行业？如果非要在两者之间做一个
抉择，答案是选择朝阳产业，因为只有这样选择才是顺势而为，赚钱的概率才会高
一些、稳一些，毕竟在一个上升趋势中做多，失手或是错误的机会只有一次，就是
真正见顶的那一次，其他任何时候做多似乎都是正确的选择。不过，由于其价格
往往存在于高位，不容易找到一个好的切入点，同时，风险相对较大，稍有不慎，
可能就会被套住。

不过大家不要误以为夕阳行业就不能投资，因为夕阳有夕阳的好处，最主要
的一点是其价格低廉，PE较低，其技术图形、底部夯实，大都完全符合"月线牛"
的标准，根据历史形态上的观察，会有月线级别的机会，至少翻一倍或多倍。比如

煤炭、钢铁行业、水泥在供给侧改革下出现复苏。下图所示是水泥行业的复苏增长：净利润大幅度上升、负债率持续下降。

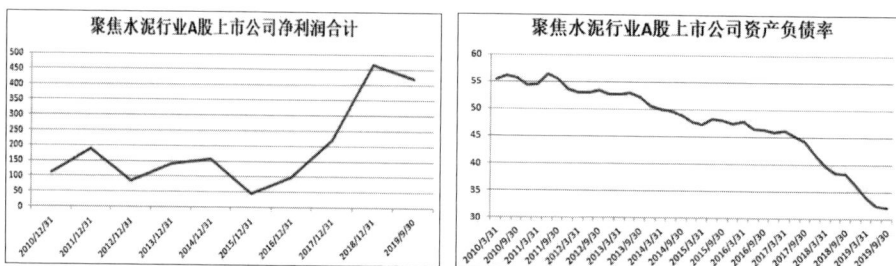

【补充：在股市中，一般以一个日期为中心，在这个日期经过一个月后，即为二十多个交易日，就会算一个周期，长久下来，月线即为几个周期组合而成。】

此时，投资者首先需要明白夕阳产业复苏的规律（复苏—繁荣—衰退—萧条—复苏），然后找到切入点（介入点）：一是主动将不赚钱或是赚不到钱的产能去掉，也就是自发去产能；二是政府介入，帮助行业去产能、去库存、关停小厂、鼓励大企业并购重组，优化产业结构，甚至升级相关产业，增强其竞争力，最后到行业的春天来临，如中车重组、房地产去产能化等。

所以，夕阳行业的介入机会一定要在繁荣期开始，也就是趋势开始的时候，此时，也应该是整个行业冰点已过，去产能见效的时候。

# 4.3 "黑科技"

"黑科技"大家都会默认为是那些"搞不懂"或是"特别牛"甚至是"上天入地"的技术，通常在科幻电影里面经常出现，其实不然，它只是科技概念热度的一个体现，到目前为止，已经被用于泛指各种新硬件、新软件、新技术、新工艺、新材料，比如区块链、人脸识别、大数据、3D打印、AI（人工智能）、量子通信、VR（虚拟现实）、石墨烯、网络安全等，可作为一条在股市上寻找投资机会的主线。

在2018年举办的中国国际大数据产业博览会上，全球有11项"黑科技"获得领先科技成果奖。有专业人士指出大数据基因预测未来的疾病、天眼新一代威胁感知系统和"人像大数据"识别系统等上榜领先科技成果，有望对A股市场中基因测序、网络安全和人脸识别三类概念股起到明显的提振作用。

截至2021年6月25日A股、B股基因测序概念共有51只，最近市场表现：板块内可交易的51只概念股中有7只实现上涨。对于相关概念股后市的投资机会，通过梳理发现，近30日内，板块内共有21只个股获得机构给予"买入"或"增持"等看好评级，比如中源协和、ST东洋、利欧股份和华测检测等，另有13家机构也被看好，比如创业慧康、美康生物、新开源、通化东宝、迪安诊断等个股后市投资机会。分别如表4-1、表4-2和表4-3所示。

**表4-1　主板基因测序概念上市公司名单**

| 股票简称 | 股票价格（元） | 涨　跌　幅 | 公司名称 |
|---|---|---|---|
| 中源协和 | 23 | +1% | 中源协和细胞基因工程股份有限公司 |
| 通化东宝 | 12 | +0% | 通化东宝药业股份有限公司 |
| XD 中新药 | 23 | +0% | 天津中新药业集团股份有限公司 |
| 金域医学 | 141 | −0% | 广州金域医学检验集团 |
| 国发股份 | 7 | −1% | 北海国发海洋生物产业股份有限公司 |
| 重药控股 | 5 | −1% | 重药控股股份有限公司 |
| 药明康德 | 152 | −1% | 无锡药明康德新药开发股份有限公司 |
| 贝瑞基因 | 30 | −1% | 成都市贝瑞和康基因技术股份有限公司 |
| 共进股份 | 9 | −1% | 深圳市共进电子股份有限公司 |
| 南京新百 | 10 | −1% | 南京新街口百货商店股份有限公司 |
| 益佰制药 | 5 | −1% | 贵州益佰制药股份有限公司 |
| 海利生物 | 15 | −3% | 上海海利生物技术股份有限公司 |
| 丽珠集团 | 49 | −4% | 丽珠医药集团股份有限公司 |
| 景峰医药 | 5 | −4% | 湖南景峰医药股份有限公司 |
| 国际医学 | 20 | −5% | 西安国际医学投资股份有限公司 |
| 中银绒业 | 3 | −6% | 宁夏中银绒业股份有限公司 |

表4-2　中小板基因测序概念上市公司名单

| 股票简称 | 股票价格（元） | 涨跌幅 | 公司名称 |
|---|---|---|---|
| *ST 东洋 | 2 | +3% | 山东东方海洋科技股份有限公司 |
| 利欧股份 | 2 | +1% | 利欧集团股份有限公司 |
| 美年健康 | 9 | −0% | 美年大健康产业控股股份有限公司 |
| 双鹭药业 | 10 | −1% | 北京双鹭药业股份有限公司 |
| 达安基因 | 21 | −2% | 中山大学达安基因股份有限公司 |
| 西陇科学 | 6 | −2% | 西陇科学股份有限公司 |
| 荣联科技 | 5 | −3% | 北京荣之联科技股份有限公司 |
| 汉王科技 | 20 | −4% | 汉王科技股份有限公司 |
| 紫鑫药业 | 3 | −5% | 吉林紫鑫药业股份有限公司 |

表4-3　创业板基因测序概念上市公司名单

| 股票简称 | 股票价格（元） | 涨跌幅 | 公司名称 |
|---|---|---|---|
| 华测检测 | 35 | +3% | 华测检测认证集团股份有限公司 |
| 创业慧康 | 12 | +2% | 创业慧康科技股份有限公司 |
| 新开源 | 15 | +2% | 博爱新开源医疗科技集团股份有限公司 |
| 美康生物 | 19 | +1% | 美康生物科技股份有限公司 |
| 凯普生物 | 32 | +0% | 广东凯普生物科技股份有限公司 |
| 万孚生物 | 63 | +0% | 广州万孚生物技术股份有限公司 |
| 戴维医疗 | 16 | +0% | 宁波戴维医疗器械股份有限公司 |
| 广生堂 | 35 | +0% | 福建广生堂药业股份有限公司 |
| 利德曼 | 6 | 0% | 北京利德曼生化股份有限公司 |
| 艾德生物 | 95 | −0% | 厦门艾德生物医药科技股份有限公司 |
| 透景生命 | 85 | −1% | 上海透景生命科技股份有限公司 |
| 迪安诊断 | 37 | −1% | 迪安诊断技术集团股份有限公司 |
| 迈克生物 | 42 | −1% | 迈克生物股份有限公司 |
| 昌红科技 | 28 | −1% | 深圳市昌红科技股份有限公司 |
| 华大基因 | 116 | −2% | 深圳华大基因股份有限公司 |
| 远方信息 | 9 | −2% | 杭州远方光电信息股份有限公司 |

| 股票简称 | 股票价格(元) | 涨跌幅 | 公司名称 |
|---|---|---|---|
| 贝达药业 | 102 | −3% | 贝达药业股份有限公司 |
| 北陆药业 | 9 | −3% | 北京北陆药业股份有限公司 |
| 仟源医药 | 7 | −3% | 山西仟源医药集团股份有限公司 |
| 安科生物 | 15 | −3% | 安徽安科生物工程(集团)股份有限公司 |
| 东富龙 | 41 | −3% | 上海东富龙科技股份有限公司 |
| 谱尼测试 | 86 | −3% | 谱尼测试集团股份有限公司 |
| 开能健康 | 6 | −5% | 开能健康科技集团股份有限公司 |
| 汤臣倍健 | 34 | −6% | 汤臣倍健股份有限公司 |

当前市场整体依然有些低迷,各大指数都运行在年线下方,而市场整体低迷之时,往往是提前寻找机会进行布局的大好时机。一些具备价值的主题在市场整体低迷之下,会挤压泡沫,聚集更多的后期上涨动能。

现实中可以看到很多散户投资者跟不上热点,原因很简单:当他们发现热点时,往往已经起了一波行情。那么,投资者应该如何对待被"黑科技"激活的领域? 这些领域一般会经历怎样炒作轨迹(或是行情运行过程)?

- 关注行情运行情况:关注市场上频频出现的科技概念,了解概念股作为被炒作对象,经历了怎样的运行过程(也就是行情),在挖掘机会的同时,防控风险。

- 市场是否足够大、概念是否足够新:主要研判其概念的市场是否足够大,是否会被认为是革命性的变化。回顾以前在市场上大火过的科技概念,现在已经变得陌生了,但概念还是前赴后继,新一次热潮时,总有人强调"这次不一样"。

- 概念是否朦胧:概念性越强且越朦胧,越难以证伪,越能给出高的估值。

- 判断运行阶段:由于科技类概念股与概念主题有共性,导致市场关注往往只会分为三个阶段(从"主题投资"逐渐过渡到"业绩为王"的阶段),

第一阶段并购合作；第二阶段股价业绩出现好坏分化，优质企业脱颖而出；第三阶段行业格局确定，龙头股投资成为首选。

- 紧盯基本面：当概念起来时，跟风的人会有很多，但是只要预期一改变，或者市场变化，只有概念或是只讲故事的公司估值就会很快做出调整。所以，市场热点要关注，但是仅靠炒作概念，要长期盈利往往是很难的，长期还是要靠基本面的分析，需要做好资金管理，在风险控制下做理性投资。

**案例：天通股份的蓝宝石概念科技股**

曾经火热的蓝宝石概念科技股就是概念性强，而且难以证伪的概念主题。故事的发酵在于蓝宝石跟苹果公司产生的交集。2013年中，当时市场传言，苹果新品手机可能会使用蓝宝石屏幕。这就让投资者产生了巨大的想象空间，逻辑简单且直接：如果苹果在其新推出的智能手机中采用蓝宝石作为盖板，其他智能手机厂商很可能大举跟进，就将带动蓝宝石下游需求出现爆发性增长。

当时有一只典型的概念股——天通股份，开始讲起了蓝宝石的故事。2013年10月，有机构针对天通股份的研报中提到了蓝宝石概念。当时有投资者发现该公司的蓝宝石炉子做得很不错，接下来的想象是：如果苹果用了蓝宝石作为新款手机的盖板，那么蓝宝石的需求空间可能放大几十倍。

于是，在2014年6月27日，天通股份公告称，公司拟将募集资金不超过20亿元，全部投入智能移动终端应用大尺寸蓝宝石晶片的投资项目，股价接连出现大幅上涨。虽然有很多关于蓝宝石概念的传言，但不影响天通股份的股价从2013年6月份的低价4.37元，逐渐上涨到2014年9月的12.6元，其间的涨幅为188.3%，而上证指数的同期涨幅为25.8%。

但是，在2014年9月10日凌晨，谜底揭开——苹果新品发布大会终于证实了蓝宝石并没有成为苹果新品手机的盖板材料。到此为止故事讲完了。当年9月10日，天通股份股价下跌7.86%，并在随后逐步震荡下行。

天通股份的蓝宝石概念科技股是科技概念的一个典型，很多科技股的炒作，基本上会经历上面分享的整个过程：市场足够大、关注度高→概念模糊难辨真伪→龙头概念股脱颖而出，大众跟随→运行阶段化明显→基本面逐步震荡下行、故事结束。

【补充：有一些科技概念，比如可穿戴设备等。一开始，市场关注度很高，但是消费者买回去了，后来不会经常使用，用户黏性不强，成了没有盈利模式的产品。技术路线变化，以及消费市场不如预期，是科技股熄火的重要原因。】

# 4.4　未来世界生活方式——高科技

未来世界必定是高科技的世界，因为人类进步是呈几何级数发展的，只有高科技才能满足未曾发掘的巨大市场需求。同时，高科技进入人类生活的时间越来越短，好的产品会快速进入人们的生活且往往只需要几年时间：2～3年铺垫，3～5年增长结束。这意味着，如果投资者能在2～3年的铺垫时期就准确判断出哪项高度垄断性的高科技产品会急速进入人们的生活，那么在随后3～5年能获取巨额盈利的概率就会很高，比如大家熟知的手机支付、人脸识别、3D打印、芯片、人工智能等。

因此，投资者在投资高科技行业时，一定要认清以下三个要点：

（1）行业或是技术科技是否具有技术壁垒（也就是垄断性），因为技术壁垒越高，市场占有份额越大，获利空间越大；

（2）技术壁垒的持续时间直接决定市场份额占有的时间，坚守时间越长，获利时间越长，股价上涨的空间越大；

（3）市场空间大。

比如，2013年信维股份产品切入苹果手机产业链，股价大涨已经注定。随着智能手机的高速扩张，公司收益必定大幅增长（技术壁垒）。但是由于LCP聚合天线新技术能替代原Wi-Fi天线技术，那么，股价肯定遇见巨大瓶颈（技术壁垒持续时间不长）。

投资者一旦确定了可投资的高科技行业,如何选择买点? 建议大家主要看两个核心点: 一是市场资金供需比, 因为A股是资金市, 资金对股价扰动非常大, 牛市和熊市股价能相差几倍; 二是企业的扩张点, 如果有, 值得买入, 否则不值得, 因为它直接决定股价大涨的概率。

最后, 我要特别提醒大家: 在买入科技股时, 一定要遵循"鸡蛋不要放在一个篮子里"的原则, 多选几个标的, 以降低风险, 不至于出现一着不慎满盘皆输的后果。同时, 要做好长期持仓的心理准备, 不能"操之过急"。比如乐普医疗2010—2013年收入有增长, 但是净利润几乎停滞, 因此市值缩水三分之二。缩水导致市盈率估值从55倍降低到18倍。随后公司业绩逐年提升, 净利润从2012年的3.61亿元增长到2017年的8.99亿元, 虽然翻了三倍不到, 但估值翻6倍, 使市盈率估值从18提升到36, 叠加净利润翻了近三倍。

# 第 5 章

# 不是每棵小树苗都能
# 成长为大树

前面讲了很多关于行业从萌芽到成熟的过程，如果回顾这个行业发展、成长的过程，我们会发现机会好像无处不在，但我们在现实生活中又并非如此，站在当前的立场上向未来望去，总是感觉前路艰难，机会渺茫，这难道是我们每个人的错觉不成？明明回顾过去的时候好像充满机遇。不过事实并非如此，我们在回顾过去时总是喜欢关注那些成功的案例与发展为成熟模式的行业，而忽略了那些在成长过程中夭折的案例。真实世界的游戏规则其实是一将功成万骨枯。不是每棵小草都可以成长为大树，也不是每个行业都能够得到善终。比如P2P（点对点网络借贷）。

这种类似于P2P的行业在生活中随处可见，它们可能因为各种各样的原因都在历史的长河中曾经短暂地绽放过光芒，但最终都消失在人们的视线中，究其根源，可能是因为行业基本逻辑不佳，始终找不到合适的盈利点，就像共享汽车一样，一旦失去了新能源补贴，该行业可能立马消失；加之该行业被技术创新或是科技进步而迭代，就像是影像胶卷被数码相机替代一样；抑或是因为人民生活水平的提高导致行业的消失，比如，曾活跃在大街小巷里弹棉花、磨菜刀的手艺人，当收入提高以后，买一把新菜刀和新被子的价格已经占收入很少了，导致人们很少再去费时费力地去磨菜刀、弹棉花了。

# 5.1 最为无力的行业颠覆——打败你的不一定是同行，而是世界不再需要你

商业社会其实非常残酷，每一个企业在白手起家的过程中，必然要经历无数的血雨腥风，我们在读书的时候，总能听到老师的鼓励"这次没考好没关系，下次继续努力"，但在商业社会绝对没有人会如此的宽容，事实上都是"这次没做好，就是出局"，所以，大多数白手起家的创业者都是谨小慎微行事，对待每一次商业选择都是如临深渊、如履薄冰，即便是经年累月的努力做到行业的相对顶端，也会不断有后来者来向你挑战，挑战者非常有耐心，只要你犯错它就会立马奋身而起抢占市场，这些挑战者不仅来自同行业，还有更多的情况下是来自另外一个行业，而可悲的是，往往被另一个行业打垮时，无论你多强大，都是无力还击的，就像在胶片相机时代，曾经不可一世的胶卷巨头柯达胶卷后来被打倒一样。

年龄稍长一点儿的朋友应该对"柯达胶卷"非常熟悉，成长在数码相机和智能手机漫天飞的年代下，年轻人肯定没有见证过柯达胶卷的辉煌，因为胶片相机的时代已经过去了，留给大家更多的是彩色相纸背后对于那个年代的记忆。这里我们主要分析一个庞大的柯达胶卷帝国是如何走下"王座"，从巅峰走向没落。

"你只要按下快门，其他的交给我们"这句有一点儿酷的广告语，曾经在100多年之前就被柯达公司使用了，公司全称是伊士曼柯达公司，总部位于美国纽约州，始创于1880年，直到2013年宣布破产，总共经历了130多个年头，曾经是世界上最大的影像产品生产商，世界上第一台胶片相机（在1975年诞生于柯达实验室），第一台"盒式相机""X光摄影""彩色相机""彩色胶片""傻瓜相机"等，这些划时代的产品都是由柯达公司首先拿来进入商业领域的。

巅峰时期的柯达公司总共占世界摄影器材市场75%的份额，利润占这一市场的90%，这个数据已经非常可怕了，换言之，"当时的世界上只有两种相机，一种叫柯达，另一种叫其他"。可就是这么一家行业的开创者，不仅在最后没有成为行业的领军者，反而于2013年申请破产。让柯达公司走下神坛，除了有后起之秀的尼康、佳能等新的影像器材公司的攻击，最重要的是，柯达在数字影像飞速发展时期，仍执迷于胶片工业时代的辉煌。其开发的数码相机仍然是技术单一、产品竞争力差，最终不得不宣告破产。

作为一家在纽约证券交易所挂牌的上市公司，柯达公司市值最高的时候超过380亿美元，其胶片业务曾遍布150多个国家和地区，全球员工超过8万人，然而，就是这么一家靠技术创新而引领时代的胶片科技公司，最终被数码技术的创新打败。虽然柯达破产之前也曾尝试过推出一系列数码新品，但这些产品都是在市场已有成熟模式之后才加以模仿，无论是在功能上还是性能上都与胶片时代的柯达相差甚远，使得其产品无法和其他竞品公司抗衡。

而柯达的竞争对手富士、佳能、尼康等日本公司却早早地开始转型，因为在胶片领域，后来者无论如何也没有办法和柯达竞争，所以，当新技术出现时，这些公司都在第一时间研发自己的产品，时刻准备弯道超车，而柯达呢？正是因为其在胶片工业上的巨大成功，导致其不能在第一时间贸然进入新的技术领域，一步错、步步错，随着数码技术的迅速成熟，残酷的商业世界让柯达公司迅速消失在人们的视线中。其实并不是柯达的技术不再领先，而是这个世界不再需要它的胶卷了。

拥有130多年历史的柯达胶片，在数码相机和智能手机的崛起过程中烟消云散，无论如何，数码相机也算是相机的一种，而方便面行业的没落，可就是彻头彻尾地被"降维打击"。

应该很少有人知道，方便面行业其实是国内为数不多且长期在国际上处于领军地位的行业。在外卖行业兴起之前，方便面是作为加班人士、学生一族、出差人士手中的必备食品，因其干净卫生、口味多样、使用方便和价格低廉等诸多特点一直在我国餐桌上占有不可或缺的位置，人们常说的一句话：这十几年来随着商品通胀，什么东西都涨价，只有可乐和方便面还是以前那个价格。我国方便面产业的正式规模化生产始于1970年，到2000年为止的30年里，全产业的年产量从1970年的200万份发展到2000年的178亿份左右，稳居世界第一。到2018年，22家主要方便面企业卖出400多亿份、销售额500亿元以上，如今总销量已占全球产量的一半以上。

然而进入2010年以后，情况发生了改变，在过去的十年当中，全国的居民可支配收入增长了一倍，可是方便面在国内的销量却开始大幅下跌，根据世界方便面协会的调查报告，我们可以看到这样一份数据，2016年国内全年消费385亿份方便面，同比需求下降17%，其中方便面行业的龙头企业——统一食品，在2017年上半年的净利润下降27%。很显然，国内方便面市场正在急剧萎缩。难道是方便面不好吃了吗？显然不是，如今的方便面品种相对过去而言，口味更具有多样化的特点，从创新料理老坛酸菜口味到家常口味西红柿鸡蛋口味，从普通面饼到宽面和凉皮，口味种类应有尽有，而方便面的价格，也没有出现明显的波动，可行业整体的市场规模确实是在下降。

而与此同时，在方便面销量规模下降的背景下，外卖行业却逐步开始崛起。中国电子商务研究中心的数据显示，2016年外卖市场交易金额达1 524亿元人民币，比2015年增加了232%，其中挤压了多少方便面市场我们不得而知，但方便面销售份额的下降一定有外卖的一份功劳，本身风马牛不相及的两样事物，在这里出现正面冲突。

通过柯达胶卷的没落和方便面销售规模的缩减，我们可以看到，行业之间的竞争残酷性。让人不可思议的是：有时并不是你的产品不够优秀，也不是同行业的竞争对手有更好的经营策略，而是这个世界变了，变得不再需要你的产品，就像是打败诺基亚的不是质量品质更坚固的另一款手机，而是iOS和安卓智能手机的操作系统；使高速路口收费员下岗的也不是因为其业务不精良，而是因为ETC的普及。

打败你的并不是更为优秀的同行，而是这个世界不再需要你，与你是否用心经营和努力进取无关，就算你拼命改良自己的产品，摸索更好的节约成本方法或是开拓更厉害的销路方式，只要你没有踏中下一次技术变革的正确风口，那就有可能逐渐消失在历史长河之中，也许这才是商业世界里最大的无奈与悲哀。

作为投资者，你的投资思维模式一定要跟上时代的发展潮流或是技术更新迭代的变迁，敏锐发现那些即将被这个世界淘汰或是不需要的行业，提前布局或是入手那些正被世界拥抱的行业。每一次技术革新要及时考量对自己已投资或是打算投资行业的短期或长期影响。眼光一定要长远、思路要高远，这也就是投资行业中常提到的"创业者思维"。

## 5.2　在萌芽中发现即将颠覆行业的那条鲶鱼

通过上文我们知道，随着时间的流逝和科学技术的变革，行业的迭代总是不可避免发生而且是不间断的，哪怕是一时风头无两的商业巨头，如影像行业的柯达也是在数码时代悄然没落，但同时我们要看到：在庞大的影像帝国"柯达胶卷"没落时，日本的相机产业却逐渐繁荣。

在胶片时代，柯达公司毫无疑问是当时照相器材产业链中的绝对霸主，随着数码相机对胶片相机的迭代，日本企业却抓住了柯达没有抓住的相机数码技术的机会。当数码技术出现之后，日本相机产业迅速砍掉了它们在胶片产业上的尾巴，全力发展数码相机产业，而胶片相机的王者——柯达舍不得丢掉如此庞大的一块蛋糕，所以，在数码相机时代，日本企业得益于其精良的工业水平基础和人员成本的控制，迅速占领数码相机产业的市场，摇身一变成为数码相机大国，从老牌的专业相机公司佳能、尼康、奥林巴斯，到后来居上的索尼、松下、富士、卡西欧，在2000—2010年称霸市场，数码相机产业一度成为日本与汽车产业并举的支柱产业。由此可见，在商业巨头落寞的同时，必然也会存在后来者的成长空间，出现鲇鱼效应，搅动已经发展至成熟稳定的市场，引领市场变革。

【补充：鲇鱼效应——挪威人爱吃沙丁鱼，尤其是活鱼，挪威人在海上捕得沙丁鱼后，如果能让它们活着抵港，卖价就会比死鱼高好几倍。但是，由于沙丁鱼生性懒惰，不爱运动，返航的路途又很长，因此，捕捞到的沙丁鱼往往一到码头就死了，即使有些活的沙丁鱼，也是奄奄一息。只有一位渔民的沙丁鱼总是活的，而且很生猛，所以，他赚的钱也比别人的多。该渔民严守成功秘密，直到他死后，人们才打开他的鱼槽，发现只不过是多了一条鲇鱼。原来鲇鱼以鱼为主要食物，装入鱼槽后，由于环境陌生，就会四处游动。而沙丁鱼发现鲇鱼后，也会紧张起来，加速游动，如此一来，沙丁鱼便活着回到港口。这就是所谓的"鲇鱼效应"。鲇鱼效应通常是用于企业管理当中，管理者面对逐渐死气沉沉的团队，为了提升整体战斗力会有意聘用一些精明能干的外部人员进入团队以刺激整个团队的活力出现。】

该效应放在行业发展之中也非常有效，当一个行业模式发展到比较成熟后，一定会出现搅动行业格局的"鲇鱼"，这些鲇鱼可能会在发展过程中夭折变成市场的肥料，也可能会在后续发展过程中成长为新一代的商业巨头，比如尼康、佳能等都在传统相机巨头柯达胶片陨落的过程中逐渐成长起来。我们所需要做的就是在行业萌芽过程中，发现这些搅动市场的"鲇鱼"，然后等待它们成长为行业的"鲸鱼"。可能大家还不太能理解，所以，我以最近市场变革中成长确定性比较高的汽车产业来举例说明。

"汽车产业的水平在很大程度上代表着一个国家制造业和国防产业的水平"，这句话不知道大家有没有听说过，即我们在马路上看到的汽车，看起来不起眼，但该产业却和国计民生有着极其密切的联系，并且一向是号称"改变世界的机器"。

因为到目前为止，汽车属于民用产品构造最为复杂、零部件最多的产品，单个汽车零部件品种数量往往成千上万，并且使用周期也是长达数十年，整个产业链涉及工业、农业、民用及军事等各个方面，一个成熟汽车产业链的生产过程，可以带动钢铁、冶金、橡胶、石化、塑料、玻璃、机械、电子、纺织等诸多相关联的上下游产业，在其后期长达数十年的使用过程中，整车生命周期都将汽车产业的产业链延伸到汽车维修业、汽车美容服务业、保险、交通等相关行业，并且可以承载各种工艺的研发、各种材料的使用，整个产业链的相关产值为国内创造了多种就业岗位并且给税收部门创造了极为可观的税务收入。

所以，一个国家的汽车行业管理水平，标志着该国制造业的最高水平，因为结构类似，只要汽车工艺成熟，类似农机、坦克、飞机等重工业的工程机械，都会对其相关产业链进行辐射。

同时，当产业链逐步成熟后，会源源不断地向其他制造业部门输送管理理念、管理制度和管理人才，提升整个国家的制造业水平。我国汽车产业链与国际上对比处于什么水平呢？

在最初阶段，国内的汽车产业发展并不顺利，我们知道，汽车的核心技术在发动机、变速箱和底盘之上，国产轿车恰好在这三大核心部件上，工艺基础与国外存在一到两代的差距，毕竟上百年的技术积累不是一朝一夕就能赶上的。

历经30多年的高速发展，目前，中国的现代化工业已经进入转型发展阶段，作为历史性的关键期。汽车产业坚持创新驱动，加快提升供给能力以适应需求变化，服务业和最终消费的增长将成为汽车产业发展的新动力，汽车产业长期向好的局面还在持续发展之中，进一步加快和助力中国汽车产业的发展，对于中国经济持续发展具有重要的现实意义。

大家现在回头看，特斯拉电动汽车是不是特像中国引入的一条"鲇鱼"，刺激着国内的电动汽车行业。

此时，大家可以把视野拓宽，在股票市场中看看有哪些行业被"鲇鱼"刺激而出现或是即将出现蓬勃发展，就能找到投资机会。

# 5.3 寻找那些可能得到"善终"的行业

投资不仅要靠思维、靠视野、靠敏锐的观察等，也要靠具体的技术操作，把整体与局部、宏观与微观结合，毕竟我们每次的投入都是真金白银，都是辛辛苦苦挣来的，不是大风刮来的。大家一定要明确一个目的——赚钱获利，底线起码是不亏或是少亏。因此，在对某一行业进行投资前除了考虑时代变迁、技术更新及外来条件刺激等，还要务必对投资的行业进行调研摸底，千万不能有赌博心理或是偶然心理，否则将会输得一塌糊涂，得不到"善终"。

不少投资者不知道如何有效地去调研一个行业？我建议大家可以从以下几个环节入手，切实有效还能省时省力。下面分别进行介绍。

## 5.3.1 查找和深读报告

研究一个行业的第一步应该对该行业进行最基本的掌握，搞清楚"它是谁"，建立一个最基本的"印象"。职业投资同行或是前辈通常收集相关报告、数据的渠道主要有以下十种。

- 咨询公司：如易观、艾瑞等，研究一般较为全面，但需确认数据的真实性，并做出独立判断。

- 数据公司：如友盟、AppAnnie等，数据准确性、实时性较高，但需对数据做再加工。

- 媒体网站：如36氪、199IT及一些行业媒体等，一般较为综合、及时，观点突出、可用性高。

- 业内公司: 如百度、腾讯、阿里巴巴等, 数据极有价值, 但数据源较为片面, 观点一般带有偏向性, 可作部分参考。

- 上市公司文件: 包括招股书、年报、季报等, 信息量极大, 关键数据极具价值, 但时效性低、碎片化, 需要汇总整理并做深度解读。

- 行业协会: 如中国汽车流通协会、中国茶叶流通协会、国际唱片业协会等, 其所发布的报告一般较为详细全面、可靠性高。

- 券商行研: 查阅方便、可读性高, 但一般不够全面、较为偏颇, 一二级市场差异较大, 需要做独立判断。

- 政府部门: 如国家统计局、对口管理部门等, 不过数据偏宏观, 可作为参考依据。

- 投资机构: 极其稀有, 真正面向创业投资实战, 每一份后面都是上亿资金和数十年的经验。

- 自采数据: 比如我当年手工采集各大团购网站每日公开交易额数据, 以及各应用市场App下载量数据等, 这点需要大家手动收集。

## 5.3.2　建立行业框架

对于投资比较头疼的问题是: 几乎没有成体系的研究资料。因此, 需要将所有的信息进行重构, 尽量用较少的维度概括总结出行业的共性和特性, 发现其中的本质规律。通常从以下四个方面着手:

- 理清行业边际和细分领域;

- 追踪过往投资案例;

- 分析产业链上下游关系;

- 竞品分析。

## 5.3.3　匡算市场数据

行业是否值得投资? 是否是最适合的时间点? 投资是否能 "善终" ? 需要大家

对市场"大盘"数据进行匡算,下图所示是互联网彩票销售规模的数据匡算。

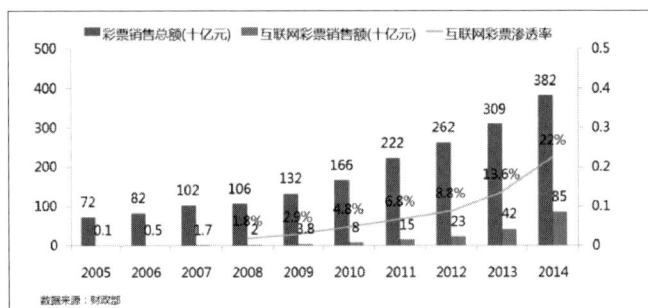

投资者可以从以下五点进行市场数据匡算:

- 存量市场规模:必须匡算出行业的市场规模到底有多大,只有"池子大,才能产出更多的鱼",才能让自己的投资划算,处于行业中的企业才能成长为巨头企业,获利空间才大。具体如何计算呢? 我以液晶电视为例,液晶电视的市场规模包括首次购买和重复购买,重复购买又分为更新换代和生活水平提高需要多台电视(比如三居室,客厅和卧室都要放电视;或者需要大屏幕电视提高欣赏品质)。大家要分类进行计算。首次购买需要找到目前该地区的电视家庭拥有率,剩下的家庭就是首次购买市场规模。更新换代需要该地区家庭电视的平均寿命,需要做市场问卷调研。当然,提高生活水平的市场规模也需要通过问卷调研来了解。其中,首次购买市场规模=有购买液晶电视经济能力的家庭数量×(1-家庭电视拥有率);更新换代市场规模=问卷调查得出的液晶电视达到更换年代的家庭比例×有购买液晶电视经济能力的家庭数量;提高生活水平市场规模=问卷调查得出的有增加购买液晶电视但目前还没有购买的家庭比例×有购买液晶电视经济能力的家庭数量。

- 潜在市场规模:是指一个产品可能获得的最大收入规模。它决定了一家公司发展的上限,从而也决定了公司估值的上限。其中,静态即当前目标市场的规模,动态即在未来若干时间之后目标市场所能达到的规模。

- 互联网渗透率：是指使用互联网的网民与总人口数之比。用于表达互联网渗透到普通民众生活的程度。因此，市场的互联网渗透率越低，越意味着存在巨大的存量市场革新机会。

- 竞争集中度：通常以某一行业排名前4～6位的企业的销售额（或生产量等数值）占行业总的销售额的比例来衡量，因此，它直接反映一个行业的成熟度，如果一个行业高度饱和，即竞争集中度较高，很容易被"挤死"，如搜索引擎市场集中度CR3=百度+360+新搜狗>98%，B2C电商CR5=京东+苏宁易购+亚马逊中国+当当+易迅>77.9%，处于高度饱和状态。

- 复合增长率CAGR：如果行业CAGR>20%时，新进入企业不一定竞争不过老企业，很有可能超越。计算公式为(现有价值÷基础价值)^(1÷年数)−1。比如期初100，1年以后110，2年以后132，3年以后151.8，那么第1年增长率10%，第2年增长率20%，第3年增长率15%。

**持续跟踪监测**

毫不夸张，绝大部分行业都具有周期性。因此，不是每个阶段都是投资的最好时机，投资者必须进行持续的跟踪监测，定期对关键数据进行更新，对所有研究资料归档整理，以便在行业发生变化时能够先于其他人预判出未来的发展趋势，提前锁定投资标的。可以将其简单归纳为三个方面：数据监控、跨行业比对、定期复盘。

对于早期投资者，如果没有充足的时间或是充沛的精力做行业调研筛选出"善终"行业，可以直接投资必需品行业，因为它是投资行业公认的安全行业，不存在"亏"还是"赚"的考量，而是赚多或是赚少的选择。因此，投资者必须掌握必需消费品投资必须观察的那些指标，下面分别为大家展示：

（1）什么是必需消费品行业

必需消费品行业是指生产、生活必需的行业，它们是我们维系生存、健康所必需的产品或服务，主要包括：食品、医药、服饰、日用品等。依据该定义，按中信一级行业分类,必需消费品行业主要包括四大类,如表5-1所示。

**表5-1 必须消费品行业分类**

| 中信一级行业 | 细分行业类别 |
| --- | --- |
| 食品饮料 | 除白酒外其他饮料、食品 |
| 商贸零售 | 超市 |
| 纺织服装 | 除奢侈品外的品牌服饰 |
| 医药 | 化学制药、中药药剂、生物医药 |

该行业具有如下特点:

- 需求受经济周期的影响相对较小:由于这些公司生产的产品均为生活必需品,无论经济金融环境如何,人们均不会减少在这些方面的开支,需求端通常较为稳定。因此,必需消费品行业在市场行情不佳时,通常具有较强的"防御"属性。

- 费用水平难以降低:必需消费品行业的费用产生主要在于人力和租金等方面,而这部分费用很难有效压缩、控制。因此,在必需消费品行业,投资者往往更为关注利润表的"头部",即毛利水平。

- 渠道为王,快速迭代:必需消费品行业中,拥有高效销售渠道的上市公司具有稳定的盈利能力,同时,又可以通过提高运营效率实现产品的快速迭代,以提升毛利水平,通常具有较强的竞争力。

(2)毛利率

毛利率是观察必需消费品投资机会的关键指标,从毛利率计算公式中,毛利率=(总收入−总支出成本)÷总收入×100%,可以得出,毛利率增长或下降的主要影响因素有:总收入(总收入=价格×销量)、总支出成本。

因此,要让必需消费品毛利率增长,可以通过两种方式:一是增加总收入,二是降低总支出成本。行业通常会通过提升品牌价值与运营效率改善毛利(中长期),同时扩大或改善市场份额增加销量。

从商品毛利类型角度出发,必需消费品分为三类:高毛利(前三分之一的毛利）、中等毛利（中间三分之一的毛利）、低毛利（后三分之一的毛利）。投资者在观察毛利率时，需要根据不同毛利类型选择焦点：高毛利行业注重价格，低毛利行业注重成本。

内在逻辑如下：

- 高毛利商品：通常商品价格会偏高，消费者因为品牌或是新品而购买该商品，与销量的相关性较弱，毛利率主要依靠价格。如乳品类、保健类、休闲食品等。

- 中等毛利商品：这类商品通常集中在超市、百货、门店等。

- 低毛利商品：通常商品价格较低，消费者多因为价格较低或是促销价而购买，典型"薄利多销""以价换量"，如肉制品、种植业等。

（3）运营效率

运营效率水平能够很好地反映出必需品行业赚取利润的能力及渠道优势，而运营效率的提高更是上市公司市场竞争力提升的重要衡量指标。因此，我建议投资者从毛利成长角度筛选备选行业或企业，在备选行业或企业中，从运营效率角度筛选优质行业/企业。

# 5.4　最有投资价值的行业阶段

一个行业处于不同阶段的发展过程，会出现规律和周期性的格局变化，按教科书上的阐述，行业发展规律与经济周期的关系基本上可以分为三大类，分别是增长型行业、周期型行业、防守型行业。

## 1. 增长型行业

整体的发展和行业总收入增长速率并不会随着经济周期的变动而出现关联度非常高的跟随变动，一个行业规模体量的高速增长，主要依靠科学技术的进步和配套服务的高质量发展，从而使该行业的发展情况在这个阶段呈现出高速增长的态势。

比如2019年的直播带货行业，2020年的新能源汽车行业，即使间隔仅仅只有几个月，市场整体规模都会发生显著变化。并且当经济整体呈现景气阶段，增长型行业的资深增长速率往往也要高于经济增长的平均速率，即便是处于整体经济格局衰退时期，这些增长型行业也会保持一定的增长，对应在股票市场中，这种行业的股票往往是各类投资机构比较青睐和积极配置的标的。

### 2. 周期型行业

行业的发展现状与经济周期有着高度的正相关性，当经济处于上升期时，周期型行业会伴随着经济的扩张而增长；当经济处于逐渐衰退时，这些行业相应地也会随着经济的衰退而衰退。这里为大家示范一个很简单的例子，金融业是最典型的周期型行业，当经济发展状况显著变好时，金融业也会伴随着经济的好转而繁荣，所谓"股票是经济的晴雨表"就是表达的这个意思。而经济周期由盛转衰时，恰恰也是资本市场拐头走向低迷而吹响衰退的号角之时。

### 3. 防守型行业

防守型行业的特点是：整体行业状况在经济周期无论处于上行阶段还是下行阶段都很稳定。不太受经济周期变化的影响。之所以呈现如此显著不同的特点，是由于此类型行业的产品在日常生活当中的供给关系相对稳定，没有什么太大的变化，最典型的是食品和医药类行业。

因为饮食和治病，是我们日常生活之中的刚性需求，无论经济如何，都要吃饭和治病。而且从宏观视角来看，无论经济好与坏，粮食需求始终是那么多，药物的需求也不会大落大起。在证券市场上，这也是类似于食品、饮料的大消费行业的医药类行业相关的股票被称为防守型股票的原因。

# 第 6 章

# 拥抱行业的"泡沫"

"行业泡沫"一词大家并不陌生，这里的泡沫是指当一个行业因为其广泛受到关注，导致供给严重过剩或其远期需求缩减甚至是消失，而出现投资过热的现象。通常情况下，当一个行业或者产品的资产价值超越其本身的经济规模时，就会产生"泡沫"，这种泡沫往往由大量资金去投机产生。

在某一行业或者事物出现后，由于其从无到有的过程中往往会产生巨大的经济机遇，会迅速且批量地"产生"富豪，这种极具夸张的赚钱效应绝对是非常吸引投资者的眼球。所以，这个领域在短时间内会涌入大量的资金和资源，泡沫随之产生，适当的出现泡沫会在某种程度上推动该行业的发展速率，但如果泡沫过大，就会导致缺乏实体经济的支撑，也就是所谓的"泡沫经济"。而泡沫经济发展到一定程度，如果基础经济不能有效地跟进，就会导致泡沫破灭，使得资产价值以断崖式的速度贬值，这种情况在经济学上被称为泡沫破裂。

# 6.1 拥抱股票市场中的行业"泡沫"

从IPO融资开始，股市就伴随着"泡沫"，因为其本质就是股市短期价格与价值背离，参与者过高地估计了行业/企业未来的业绩增速，并愿意为未来不确定的成长支付过高的价格，不断推高估值。

大家不仅要正视它、承认它，而且还可以好好利用它、拥抱它，让它为自己的投资布局或是买入逻辑找到分析点。

## 1. IPO融资时"泡沫"诞生

从股权融资开始，股市就存在"泡沫"的天然属性，下面用一个实例（简化的IPO融资过程）为大家展示。

张三在学校门口开了一家零食店，零食店因为在学校对面，中午、下午放学都有很多学生经过，生意也因此越来越好，一年可以赚到30万元，连带70万元的存货，净资产达到100万元。因此，张三想开一家连锁店——复制现在的模式，在其他学校门口开另一家零食店，但没有足够的资金，也不想贷款，所以想通过股权融资来实现。

鉴于零食店在学校门口，上、下学有很多学生会因为肚子饿买零食。因此，不愁没有生意，但由于没有保护壁垒（护城河），其他人也可以在学校门口再开一家或是多家零食店，这样竞争优势很容易被削弱，于是张三用储值卡来绑定学生，通过一些积分及优惠活动，并且也兼卖笔、文具、作业本等。一番操作后生意还是不错。在股权融资时，张三计划用10倍PE、3倍PB的初始估值，零食店初始估值为300万元。假设原始股票有100股，那么就是3万元/股，发行50股，融资150万元，股权结构从原来的张三持股100股，占比100%，变为张三持股100股，占比100/150=66.6%，实际发行的PE是150×3/30=15（倍）。

原来只有30万元的现金收益加70万元存货,现在不仅有了150万元的现金+30万元现金+70万元存货,且其股权价值达到300万元,并对零食店有绝对控制权。相比之前,抗风险能力获得了极大提升,且还有足够的资金再开一间店,以后自己需要用钱还能卖出股权,这就是IPO的优势所在,相比每季度出财务报表、公告公司信息及维护和股东关系这些事情,IPO的好处要大很多。所以,大部分企业,只要条件允许,一般在保证公司控制权的情况下都会进行IPO,这是公司继续保持优势且做大、做强的关键。

从上面的例子中可以看出,15倍的PE,相当于从今年起15年内的收益一次性实现,在用PE或PB估值的机制下,股市天然就存在泡沫。但这个泡沫并不算大,15倍PE在A股市场可以算是比较低,如果遇上牛市,股价会被炒到30倍、40倍,甚至60倍,就会出现比较大的泡沫。

投资者就是在这个泡沫中实现价差获得理想的收益。因此,股市泡沫让大家的投资获利成为可能或是最大化。当然,这种泡沫放大器,让买股真正成为"炒股"。

### 2. 股票市场"泡沫"的特征

股票市场的"泡沫"不仅是天然存在,而且还有很多,有些是自然形成,有些是被人恶意"吹起来"的。大家一定要能够识别,从而辅助大家止损或是止盈,出货或是买入时作为参考。

- 估值与财务状况的差距,如果是合理倍数,则是合理,反之则"泡沫"过大,可能要破裂,应及时避免损失。
- 经过很长时间周期,仍然在讲故事或是炒概念,而且无法被证伪。
- 流入股票市场的货币量远高于股票的总市值,产生很大的泡沫(宏观)。
- 大众情绪或是心态不在价值本身上(上市公司的盈利能力),而是热衷"击鼓传花"。

### 3. 股票市场"泡沫"的破灭前兆

股市的"泡沫"无处不在,也无时不有,即便是没有全面牛市,也会经常性地出现局部牛市和局部"泡沫"。"泡沫"一旦破灭,物品的资产价值迅速下降,会给投资者沉痛的打击,带来不可避免的损失,因此,大家一定要掌握股票市场"泡沫"破灭前的常见征兆,具体如下:

(1)股市货币量紧缩

国家紧缩流入股票市场的资金量,常见方法如下:货币增速下调、提升银行存款利率、严查入市资金来源等。

(2)商业周期结束

除了宏观经济明显下调外,当某一主导产业的发展没有后继动力,则商业周期结束,企业盈利不断恶化,导致"泡沫破灭"。

(3)风险预警、去杠杆

监管部门不断提示股市风险,加大管理IPO发行力度,或是大力度地去杠杆,此时很大概率会导致"泡沫"破灭。

# 6.2 行业泡沫是把双刃剑,有人爱它有人恨它——复盘共享单车ofo

"共享经济"一词我们都耳熟能详,共享物品也是随处可见,比如满商场的"共享充电宝",街上的"共享汽车、单车、电单车",还有五花八门的"共享宠物""共享雨伞""共享衣服"等,似乎"万物皆可共享"。

据2021年中国共享经济报告统计,在2020年全年,我国共享经济市场的交易规模约为33 773亿元,同比增长约2.9%。生活服务、生产能力、知识技能三个领域的共享经济市场规模位居前三,分别为16 175亿元、10 848亿元和4 010亿元,从数据来看,该行业应该是经过长时间的发展,已经具有相当稳固的规模了,但事实上,共享经济这种商业模式从诞生到现在也不过短短五六年而已,而且该商业模式第一次进入大众眼球是以"共享单车"的形式呈现。严格来说，共享单车的前身，应该是有桩共享单车，最早出现在2007年，当时，主要是由政府出面推动建设的这种有桩单车，只不过因为这种固定的、点对点的用车和还车模式，使用上很不便利。所以，在2007—2014年，这种有桩单车还谈不上"共享单车"，只能称为单车租赁，时间到了2014年，当无桩的单车出现后，才算真正开启了"共享经济"的时代。

2014年创立的ofo，也就是大家口中的"小黄车"，致力于解决大学校园的出行问题，最开始只是在学校投放单车，当时的北大学子们对这种颜色鲜艳又有趣的商业模式表现出极大的兴趣，到第二年，已经有超过2 000辆共享单车穿梭于北大校园。同时，因为北大这所国内最高学府之一的自身关注度，也使得外界资本开始关注到ofo。就这样，小黄车走出北大，被推广到全国多所高校，成为国内首创的无桩共享单车。互联网时代最大的特点是信息以裂变的形式快速传播，当ofo走出北大校园后，各个资本风投机构敏锐地嗅到机会的味道，不同于非互联网时代资本一点一滴的原始积累，只要风投机构介入，就可以让一个行业的商业模式以最快的速度复制、推广到全国。恰好，单车这种出行方式也非常符合低碳出行、节能减排的理念，所以，各地也对这种新生的商业模式给予极大耐心和关注。

随之而来的2017年，国内共享单车迎来了最为疯狂的一年，各种各样的共享单车品牌突然开始遍布在各个城市的大街小巷，马路边不仅有小黄车，还有小蓝车、小绿车、小白车、小彩车等各式各样的共享单车。据相关研究报告显示，截至2016年底，国内共享单车的市场整体用户数量已达到1 886万。2017年，共享单车市场用户规模保持大幅增长，2017年年底达到5 000万用户规模，这时因为大量的资金介入，"共享单车"行业迎来了第一波行业泡沫的出现。这一点，我们从资本市场的细枝末节上也能看出端倪。因为做共享单车的企业在最初发展阶段都是创业型企业，因此没有登陆资本市场，我们这里可以以做单车为主业的上市公司为观察点，下图所示是上海凤凰股价走势图（从2016年8月最低位到2016年12月的最高位，市值翻了三倍多）。

（上海凤凰股价走势）

　　"凤凰牌"自行车是国内最老的自行车品牌之一，并且在汽车还没有兴起的年代里，满满地承载了一代又一代人的记忆。其母公司上海凤凰自行车股份有限公司也是为数不多的专一做单车的国内上市企业，因为其主营业务是做单车相关的生产贸易，所以，用来观察资本市场对"共享单车"的泡沫反应再合适不过了。

　　我们知道，2015年各个风投机构的资本已经开始注意共享单车这一新兴经济模式，行至2016年，这部分投机资金开始涌入共享单车市场，而资本市场的反应通常最为敏锐，随着大街小巷开始出现各种各样的共享单车时，生产单车的企业也迎来了爆发式的订单量。

　　于是，在资本市场上，上海凤凰从2016年8月的每股不到14元，在三个多月的时间里直接拉升到每股46.08元（2016年12月），市值在短期内直接翻了三倍有余。如果单凭经营规模可以明确：上海凤凰绝对不可能在这短短几个月之内增长为原来的三倍，但之所以股价能翻三倍，是因为这里面存在着由一部分投机资金"吹出来"的市值泡沫。

　　同时，随着时间的推移，当上海凤凰股价过了每股46元后，开始慢慢地走向估值回归之路。在这段股价泡沫产生到破裂的时期，有人因为股价的上涨泡沫赚得盆满钵满；有人因为最初没有参与到股价上涨的红利而接手股价最高点的最后一棒，难免亏得干净。这种行业泡沫也好，还是资本泡沫也罢，有人爱它，也有人恨它。

随着共享单车行业泡沫的出现，一系列的问题也随之出现，押金问题、城市规划问题、交通堵塞问题、单车被人恶意破坏问题等，当初布满全国街道的小黄车几乎已难见踪迹，并且押金问题到如今仍没有解决，当初创新先锋的企业法人也变成了"老赖"。更惨的是那些在行业泡沫发生期间跟风进入市场，妄想分一杯羹的小绿车、小彩车们，既没有在行业初期把握住流量的入口，也没有合理的变现形式，最终只能悄然退出历史的舞台，甚至很多人都没听说过它们的名字。

这就是泡沫，无论人们爱它也好，恨它也罢，它总是会在行业发展的某个阶段以不同的面孔出现，并且是一把双刃剑，如果你把握住了就是赢家，把握不住就会为它所伤。

## 6.3　行业"泡沫"不应该被妖魔化，适当的行业泡沫正是孕育宝石的温床

提到泡沫，相信有不少人恨得牙根痒痒，因为太多人在资本市场中或多或少地受到了"泡沫"的伤害，比如在房价处于高位时贷款买入房产，结果等到房地产市场冷静下来，发现自己的贷款利息都够再买一套相同的住房了。

在这种背景下受益于泡沫的人，肯定不会满世界宣扬自己挣了多少钱，因为"财不外露"一向是人们的行为习惯，而吃了市场泡沫亏的人，大多数会经常性地发声告诉"全世界"是泡沫把自己害得多惨，以博取同情甚至是好为人师地劝告别人远离泡沫。导致大家只要提到泡沫就会心有余悸或者极度愤慨，特别是在互联网行业上。其实"行业泡沫"是把双刃剑，没有必要去过分妖魔化，也没有必要过分推崇，反而适当地运用泡沫，我们能发现更多的机会"宝石"。

关于适当的"行业泡沫"对于一个行业的健康发展有好处的论调，早就有权威人士专门论证过。比如，在2005年，时任中国互联网协会秘书长的黄澄清，在市场上布满互联网泡沫的声音时专门发文论证过这个论点。他认为："2005年发生在互联网风险投资圈中的繁荣现象并不是完全由资本吹出来的，尽管互联网行业在发展过程中出现了一定的泡沫，但这是整个产业发展过程中产生的，就像是喝啤酒一样，没有泡沫的味道就不够好，这些泡沫是整个互联网产业发展过程中的催化剂。"后来事实证明，2005年对于很多互联网公司都是崛起之年，全球最大的搜索引擎"百度"于这一年在纳斯达克完成敲钟上市，阿里巴巴收购雅虎在中国的全部资产，新浪博客开始转型从博客向微博发展，盛大与48家海内外领先的内容提供商实现内容整合等。这些互联网大事件背后的公司都是2005年互联网第二次泡沫之后的赢家，而2005年的互联网泡沫中到底发生了什么呢？

我们知道第一波互联网泡沫发生在2000年，进入2005年之后，各类风险投资机构好像突然看到了中国互联网的第二次爆发，于这一年纷纷涌进中国。甚至在最繁荣时，我们可以在各种风险投资峰会上看到项目路演者争先恐后地把自己的路演资料和项目计划书交给风投经理。当时的国内互联网也确实在数据上十分引人注目，根据当时的一份中国互联网调查报告，我们可以得知：在2005年全世界互联网流量最高的25个公司中，中国公司占了8个。在这一年的第三季度，中国创业投资总量达到2004年以来的最高点，投资额较前一季度增长54.6%，为2004年同期的两倍多，获投资企业数量较前一季度增加34.8%，较2003年同期上升21.6%。包括猫扑、天涯在内的这些曾经在互联网早期辉煌过却没落的网络公司，都在这一年拿到了风投的大额资金，对于中国互联网圈而言，2005年绝对是风投圈中一个不可忘却的"大年"。

如果有人断言2005年互联网没泡沫，那肯定是假的，可正是这一年的互联网泡沫，把中国互联网的格局在2007年推向了高潮。这一年，国内互联网企业掀起了上市热潮。比如，2007年7月完美时空登陆纳斯达克，10月9日，金山软件在港股挂牌,11月1日,巨人网络在纽约证券交易所挂牌,11月2日,网龙在港股上市,11月6日,阿里巴巴在港股挂牌。2007年互联网企业的繁荣,正是由2005年互联网带有泡沫的风险投资所创造。

# 6.4  暴利隐藏在"泡沫"之中

经济学里的泡沫是指因投机交易极度活跃,金融证券、房地产等行业市场价格脱离实际价值而大幅上涨,造成表面繁荣的经济现象。不同于实体经济中的泡沫,需要用较长的时间去验证泡沫的成色。资本市场的泡沫向来是来得快、去得也快。因为在这个时代,通过互联网资金的流动能很快地形成。在金融机构中,鼠标一点击就是上百万元、上千万元甚至上亿元数额的资金流动,造成目前资本市场上的泡沫远比在实体经济中出现得快。

在股票市场中,如果大多数股票短期内涨幅过大,会造成市场中现存交易的股票所对应的公司不能跟上价格上涨所匹配的盈利,我们知道,一只股票的价值反映该公司背后的盈利能力与其资产的大小,而当股票价格短期涨幅过大甚至与其本身的价值严重不相符合时就会出现"泡沫",即股票市场看上去一片繁荣,但实际上股票背后公司的基本面并没有根本性的变化。而对"股票泡沫"的界定,并没有一个明确的量化标准,目前大家判断一只股票或者一个行业有没有泡沫,通常是根据行业或者公司的市盈率来横向和纵向地比对,以得出结论。

其中"市盈率"分为静态市盈率与动态市盈率,反映了在每股盈利不变的情况下,当派息率为100%时,即所得股息没有进行再投资的条件下,经过多少年投资可以通过股息全部收回的状态。如果一个公司的市盈率没有缘由地远远超过其同行业下公司的市盈率,那么就代表着这家公司在这个行业内的估值是偏高并且存在泡沫。

同理，对一个行业的判断也是如此。A股股票市场诞生的时间并不长，从1990年上海、深圳两家证券市场成立到现在，满打满算也就刚三十二年，所以在这短短三十二年的发展过程中，因为经验不足等原因，A股市场出现过几次比较大规模的股市泡沫。但也正是每一次泡沫的出现和刺破，让我们这个年轻的资本市场以更加快的速度成长起来，并且这种成长过程因为有完整的行迹可循，也是极具研究价值的。同时，因为我国资本市场的发展历程比较短暂，所以，在我国A股市场里的泡沫产生原因还与其他市场并不完全相同，具有较为浓厚的特色。A股历次股市泡沫的出现，在宏观上主要源于以下几种原因：

第一，资本市场上的主流交易品种太过单一，我们知道，目前我国的资本市场有股票、债券等现货市场，还有期货、期权等金融衍生品市场，但股票市场由于其交易制度，只能做多不能做空，而期货市场的参与门槛又太高导致参与人数也较少，所以，这些金融衍生品市场就没有很好地发挥其套期保值和风险规避的功能，没有最大程度地发挥出应该有的功能，并且由于散户和机构的参与门槛不一样，使用的对冲工具也不一样（比如期货期权等交易品种参与门槛太高，股票对于散户而言只能做多不能做空），这也导致很大的不公平的现象出现。

第二，A股市场中的交易规则还有待完善。我们不得不承认这一点，尽管A股市场成长很快，但毕竟才三十二年的时间，有些问题在短时间内很难改变。另外，之前一直实行的股票发行审核制度，更是给权力寻租带来了空间。在这种情况下，对上市公司的质量提升也带来了很大的挑战。不过，目前的监管部门和政策制定部门正在努力改变这种状况，无论是股票发行制度从核准制改变成注册制，还是尽量不人为地干预市场，而是让市场自身发挥自己的调整功能和价值发现功能，都在很大程度上提升了A股交易制度的完善性。另外，监管部门也在近几年开始加强对市场违规事项的监督和处罚力度，以往那种通过随意发布不真实信息，或者利用内幕交易割韭菜后，仅仅罚款六十万的"挠痒痒"情况基本上已经消失不见，这也是投资者们明眼可见的进步。

第三,社会资金流动性过剩,国内缺少便利的投资品种。这一点也是客观存在的,回顾我国的资本市场发展,从社会反馈上我们也能见到,普通百姓一谈到投资,首先就会想到房地产,而参与股市,则被很多老百姓认为是一种不务正业的表现,有这种认识非常正常,毕竟炒股的人,很多亏得厉害、泪流满面。这种情况下就会导致社会上的流动资金过剩,核心资产太少,一旦股票表现出短期内的强势走势,就会吸引大量的社会流动资金进场,如果这些流动资金投机之风盛行,就会进一步加剧市场的短期波动。随着市场的走牛,人们也会开始对人民币抱有升值的预期,这会进一步导致大量国外资金流入股市,在如此背景之下也很容易使股票市场出现"大"泡沫的风险。

第四,投机之风。投机是发展股票市场的通病,通常表现为大起大落。尽管很多人曾经因为股票市场破产,但风险和收益总是相辅相成的,如此庞大的股民基数一定会存在少部分的幸运儿,他们会早于其他散户摸清楚市场的投机规律,然后利用股市获得超越常人的财富。类似这些股市神话非常多,类似这种牛人在过去那个市场不完善的时代非常多。投机的结果只会加剧短期暴涨暴跌的幅度和频率。感兴趣的朋友可以复盘A股历史上比较有代表性的两次"泡沫"过程,分别是2006年底到2007年10月份和2014年7月到2015年6月的两次牛市,这里仅为大家展示图片不做具体的复盘讲解。

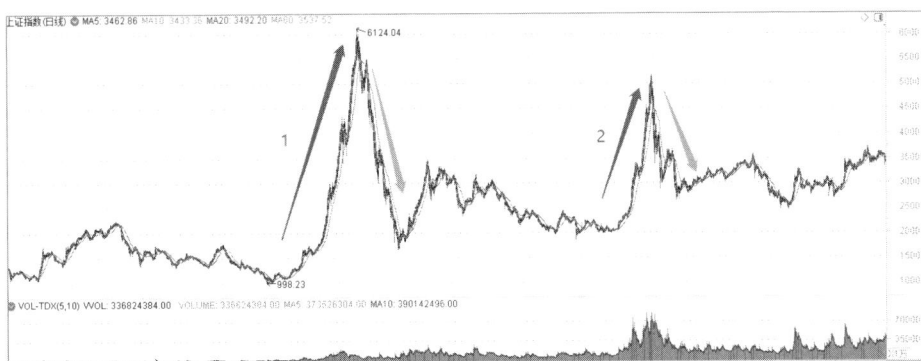

# 6.5　浪潮退去，才会发现谁在"裸泳"

在股市中，无论是否有泡沫，都会有一部分"幸运儿"获得巨额财富，他们获利的秘诀不是有多少资本规模或是有内幕消息，更多的是他们摸清了股价涨跌的规律，在上升阶段或是炒作阶段买入，在小退前卖出（所谓的牛散），在股市的浪潮中"自由翱翔"。

巴菲特也有一句名言：浪潮退去，才发现谁在"裸泳"。作为投资者的我们可以简单理解为：市场热情消退后，才恍然大悟，才知晓哪些股票是好股，哪些股票是垃圾股。我们不一定能成为散户眼中的牛人，但一定要避免后知后觉，造成投资亏损，并且还要有"预估"能力，尽量避免"裸游"或是被割"韭菜"。

大家怎样避免？很简单：安全边际！有了安全边际的保驾护航，投资风险就有了严格的控制，使损失不至于过大，也使投资决策过程更加理性，不至于被预期的高收益冲昏头脑，这些原则很多同行或是领军者反复提出过或是在出版的书中多次讲解过。

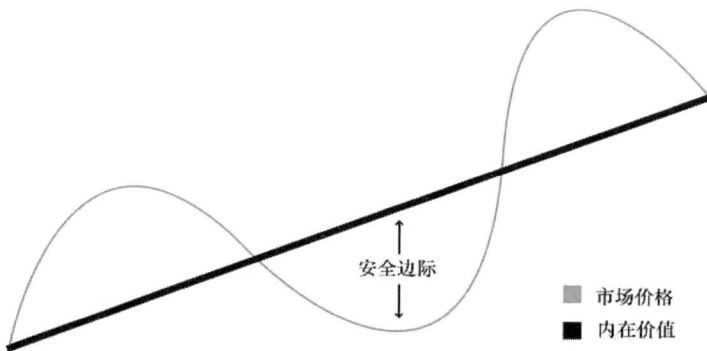

【提示：安全边际不是一个具体的财务数字，也不是单纯凭借PE值（市盈利率），更没有一个精确的估值计算模型，而是一个相对模糊的预估，没有任何人或是单位能准确计算，完全根据投资者自身的专业知识或是经验来预估。】

除了一些复杂的宏观理论或是个人感悟外，根据我个人多年的投资经历所积累的经验，除了行业/企业估值外（在前面的章节中已经讲了这里就不再赘述），我这里再分享一些对安全边际"务实"的理解和把握。

### 1. 周期行业与市盈率

周期行业具有明显的周期特征——周期底部和周期顶部，当行业处于周期底部时全行业出现亏损，市盈率为0或是为负，这时市盈率完全没有参考性。当行业处于周期顶部时，行业整体出现上行，其市盈率不断降低，到了周期顶部时，市盈率变为几倍。在这个过程中，如果投资者在周期底部买入就会获得好的收益（如果行业没有撑过底部周期，买入就会打水漂），反之，投资者在周期顶部，且有几倍市盈率时买入，就会有很大的投资风险或是直接亏损。因此，在对周期行业或是周期股进行投资时，首先要对行业所在的周期进行完全准确的分析，并对龙头企业进行调研，有时甚至可以完全不考虑市盈率，坐等行业转暖，由周期底部上升到周期顶部，最终获得理想收益。

### 2. 经营稳定行业与"护城河"

对于经营比较稳定的行业或是企业，安全边际不能仅仅只以市盈率低为依据，还需要分析判断行业或是企业的"护城河宽度"，如品牌效应、核心人才团队、股东利益分配、商业模式、技术壁垒等。如果"护城河"足以防备外来"攻击"，行业或是企业将会有长时间的"高价"或是"理想价"。因此，投资者可以长期投资获利，除非遇到特殊情况，如"护城河"突然消失等。

### 3. 成长性行业/企业与"永续性经营"

成长性企业怎样才能实现"永续性经营"？主要看以下几点：商业模式、竞争能力、产品/服务的提升空间、企业资产的贬值（包含无形资产）等。如果它们都是向着好的方面发展，那么该行业或是企业就具有时间维度上的安全边际。此时，投资者尽可能在1.5倍安全边际以内进行投资（原因：正常状态下，行业或是企业能够在1年左右基本不亏损，甚至在安全边际回归估值中枢后实现一半的获利收益，加之行业/企业的自身成长，年化率预估在35%～75%，即使最悲观的预估——行业或企业估值下降,下降的空间都十分有限),如果对于能够实现确定性成长的公司,在安全边际附近可适当重仓。反之,则需要分散配置。

对于永续经营能力存疑的行业或企业,我们很难寻找到估值下限,在市场悲观情绪与流动性匮乏下可能会持续下探,即使是10倍PE,也可能跌到5倍。从行业内在价值角度出发,长期成长的复利使投资者可以忽略估值20%~30%的波动。同时,行业确定性成长的充分展现,比较容易驱散短期市场的悲观情绪。

**4. 消费行业的"不可替换性"**

消费品的不可替换性,主要表现在单一产品或服务能否满足单一需求,比如奢侈品、珠宝等。哪怕是某一时间阶段,只要经济向前发展,这一类行业就不会倒退,而是持续发展,同时,更有利于优秀公司建立其竞争优势与护城河,安全边际当然会更加稳定。相反一些调味品类、传统媒体类,会随着科技和经济的进步被取代或是市场规模下降,如味精、手摇扇等。

投资者在实践中,如何确定某一消费品行业是不是"刚需"?能不能被替换?可以用一点来明确判定:该行业的产品或是服务,有没有其他产品或是服务可以顶替,比如饭后零食,可以是薯片、辣条、瓜子,也可以是西瓜、葡萄、棒棒糖等,这些产品可属于快消品,不属于"唯一不可替代"。

【补充:重资产行业,通常用市净率来衡量安全边际;高科技企业,通常用市销率来衡量安全边际;近两年出现的"逻辑拐点",本质是在猜测市场,是一种非常傲慢且自负的做法,也是炒作泡沫的手法,大家一定要摒弃这一点。】

# 6.6 学会急流勇退

我在这里提倡急流勇退,不是"功成名就、衣锦还乡",更不是消极对待告老还乡。而是积极的"知进退"。在股市"泡沫"中及时获利或是止损,不能贪得无

厌,总想着顶部(这个难度太大了),更不是赌运气翻盘,因为散户的特征(资金
分散、力量分散)注定上述无法实现。

除了在后面的8.1中会为大家详细讲解主力资金对股价走势的拉升、出货、洗
盘、砸盘时的急流勇退,及时止损或及时获利止盈外,这里先为大家分享几个经
验性的"急流勇退"心得,帮助大家在"泡沫"股市交易中先塑造一个止盈、止损
的分支小体系(下面每一条都是实际有效的方法,建议大家在操作前或是实操中
切实体会,每一条都是直接关系到大家钱包里的真金白银)。

- 即使成长板块涨势依然凌厉,持续拉升上涨,顶部信号没有出现,也要及
  时考虑卖出止盈,因为在股市中全身而退不容易,哪怕是牛市。

- 对于已经大幅拉升过,估值已经泡沫化的板块或指数,大幅回撤的风险
  极大增加,此时不用考虑基本面和政策面,因为它们基本已经失灵。稍微
  值得参考的面也许只剩下技术面了,一旦跌破30日均线的位置,可考虑减
  掉大部分仓位,及时止盈。

- 如果出现当日未涨停、涨停(包括封死),次日出现低开低走,此时可能被
  套牢,应该及早止损出场,不能心存侥幸,即使后面会有更大的反弹,甚
  至重拾涨势,更有甚者出现再度涨停,但这样的机会可遇不可求。记住,
  一旦形成阶段性头部,不止损的后果往往会不堪设想。

- 对于那些不确定要涨的股票,可能会出现赚钱的情况(潜力股),如果要买
  入,且采用了3721均线系统,建议将21日均线(操盘线)作为止损界限。

- 如果持有的股票已经涨停,次日又出现连续涨停,此时不要出现贪婪心
  态,这是主力资金大概率在拉升股票或是边拉升边出货的操作,即使后
  续继续上涨,大家要想成为赢家,一定要迅速止盈,甚至是及时止盈,防
  止主力出货完成,散户高位被套。

- 如果一只股票涨停被封后,多次被打开,从多次交易经验可推断出次日涨
  停的概率较小,此时止盈是较为理智的选择。

- 一旦发现股价出现直线下降趋势或是阶梯下降趋势,多半是主力资金在洗盘或是砸盘,大家及时止损离场。

- 一旦发现股票频繁涨停,且全天放出巨量,大家赶快获利离场。

【补充: 3721均线系统是以攻击线、神奇线、牵牛线为主的短期均线系统。其中3表示尖底三天反转,宝塔线3平底顶反转都显示3天时间的重要性; 7表示一周半的时间,涵盖一两周的市场交易成本与趋势变化。21表示与3天、7天均线设置相匹配的交易月市场持仓成本价的估值。最后,以42天双月线及60天季线辅以中长线趋势研判可以增加胜算。】

# 第 7 章

# 买股票其实就是看好
# 该行业和公司的未来

投资者一定要明白一条本质逻辑：股票就是公司，公司就是股票，大家购买股票就是购买行业或是公司的未来，相信该行业和公司有一个好的未来，能让股价从今天的几毛钱或是几元钱在未来变成几元或是几十元甚至几百元。所以，作为投资者，如何选择一个好的行业或是一家好的公司就变得至关重要，从一开始就要选择一个好的赛道和目标标的。

# 7.1　股票投资的本质

股票投资的本质到底是什么？"一千个观众心中就有一千个哈姆雷特"，没有固定的答案。但作为投资者，购买股票的目的不是赌博，也不是猜筹码的大小，更不是靠运气。大家要清楚地认识到股票是上市公司股权的一部分，要抓住股票背后的本质——行业或公司本身和未来市场，投资的一切工作都以围绕对公司未来能产生多少自由现金流为中心进行。

买股票就是买生意，而且是买任何生意。因此，必须买模式最好、最容易赚钱的生意。大家要记住：这个生意自己没法亲自操盘，必须交给有诚信且有良好制度的人或团队来打理，以保证企业的模式优良。在市场竞争中，行业/公司逐步形成坚强的护城河（高门槛牌照、品牌效应、核心技术等），例如茅台、平安、格力、招行、万科等。

我在告诉大家怎样抓住股票投资本质前，以下几点一定要与大家交代清楚：

（1）买入并持有股票的目的是货币的保值和增值。

（2）股票投资的最低原则是不亏损或是少亏损。

（3）股票是上市企业的股东权益，因此，股价由企业的价值决定。

（4）股票总市值是未来预估值，而不是企业当下现金流的折现值，因此，股票的选择永远是面向未来，而不是基于过去或当下。

（5）投资者必须要多多学习、深入学习、不断提高，将个人思维转换为企业思维，否则不适合做股票投资。

在真金白银的投资中，如何抓住股票投资的本质，大家可以从以下三个方面来实现。

## 7.1.1　公司方面

为了避免陷入价值陷阱，提高投资获益的概率，在选择公司时，大家可以把下面五个方面作为买入的选择标准。

**1. 投资优质的公司**

优质公司相对于平庸公司，公司价值会随着时间的增长而增长，不仅不会掉入价值陷阱，而且还会提高投资概率。平庸公司恰好相反，随着时间推移逐步走向毁灭，投入的资本也不能得到收益回报，甚至是严重亏损。如何区别优质公司和平庸公司，具体如下：

- 优质公司

（1）优质公司的估值重心在不断提升，属于成长型，股价可能在10～20元波动，5年后股价在20～30元，10年后在40～60元波动。只要投资的时间足够长，几乎所有的投资者都能赚到钱。

（2）行业向上，行业空间越远、越大则越优质。

（3）公司本身的弊端、优势、未来方向、成长路径、增长点、战略目标相对清晰。

（4）具有优秀的管理团队或是核心人才。

- 平庸公司

（1）不具备成长基因，股价始终保持在固定段位（股价一开始就在10～20元波动，但10年后依然在10～20元波动）或是从某一价格段位突然飙升到某一段位后，很快下降到原来的股价段位（公司内在价值在15元左右，股价并没有在10～20元波动，而是在50～100元波动）。

（2）没有清晰的战略目标、没有行业优势、没有核心优秀人才和管理团队，没有利润增长点等。

（3）没有技术、产品、服务优势。

投资优质公司的策略通常有两种：长期持有和短期突入。前者是选择一家优质公司股票买入并长期持有, 数年后到了满意的价位再卖出, 实现股票获利。后者是在牛市风口时持股买入, 等待市场炒高, 卖出获利。

### 2. 投资有市场特许经营权的公司

投资拥有护城河的公司是最基本的要求之一, 投资有市场特许经营权的公司是最为理想的选择。因为具有市场特许经营权的公司通常具有天然的护城河, 可有效阻断行业公司的竞争, 也阻断了潜在的竞争者, 直接保证公司能够持久获得良好的收益, 投资者因此也能获利或是获得持久收益。市场特许经营权的公司的特点如下:

(1) 被消费者需求或渴求。

(2) 找不到其他替代品。

(3) 不受价格管控的约束。

### 3. 投资差异化公司

产品或是服务有差异化的公司, 竞争者往往不多, 不会因为市场充分的情况下陷入剧烈的价格战。

### 4. 投资有经济商誉的轻资产公司

投资轻资产且有经济商誉的公司, 只需要很少的投入就可以使利润不断地增长, 其获利主要靠其品牌等商誉。

### 5. 投资业务单一的公司

业务单一的公司并不一定比业务复杂的公司收益率低, 而且能极大降低出错的概率, 投资者亏损的风险会下降很多。

## 7.1.2 市场方面

认清股票市场的走势或是波动情况, 在低估时买入, 高估时卖出。同时, 市场上的任何风吹草动都会影响股价涨跌, 因此, 公司股价的涨跌不能作为买卖的标准，历史的价格走势及买入成本也不能作为买卖的标准，而是一切以价格和价值的关系为准绳，等待足够的安全边际出现，避免不理智出现。

## 7.1.3　自身方面

公司和市场都是客观方，打铁还需自身硬，有了抓住股票投资本质的能力（知识、能力和思维、耐心）才能抓住优质公司和牛市机会（或者风口）。

### 1. 坚守"安全区"

在自己擅长的区域里选择值得投资的行业或是公司，只要有耐心就能赚到属于自己的那份收益。一旦"跳"到自己不擅长的区域，就会左右碰壁，亏的钱比赚的钱更多。同时，不要觉得自己比别人聪明，一定要远离那些"大家已经死了很多次"的区域或是圈子，或是自己已经"栽了"的区域或圈子，甚至可以列出一个"避雷"清单时刻提醒自己。

### 2. 积累多学科知识

股票（或是基金等）投资一定要持续性地多学习，多掌握相关的学科知识，如经济学、金融学、会计学、哲学、商学和管理学等，在复杂的投资环境中才能做出正确的决策。实战经验经常告诉我们"单一学科知识真的不够用"，同时，知识必须是系统性的，而且要融会贯通，不能是碎片化的，否则仍然是外行。

### 3. 思维方式转变

思维方式的转变包括两个方面：一是从个人思维转换为企业家思维。二是从正向思维转换为逆向思维。前者是将投资心理从短线暴富转换为长期投资回报，既有规划和目标也有耐心，不急不躁、稳步前进，同时，一旦等到机会及时下手，不错过任何一个赚钱的机会。后者是从如何赚钱到如何亏钱，正向思维是如何投入10万元赚取5 000元收益，逆向思维是如何把投入的10万元亏光。只要找到亏光的可能性，就能反向避开亏钱的节点，从而真正找到赚钱的方法。

### 4. 资本足够多才行

作为专业的投资者,资本一定要足够多才行,如果只有20万~50万元,工作作为主要,投资作为业余爱好,适合学习和试错,原因很简单:100万~200万元的资本,按照5%~10%的回报率,一年有10万元的收益,而一线城市上班的年工资在10万元左右,而20万~50万元的回报只有2万~2.5万元。

# 7.2 用自由现金流去评估企业是否值得投资

自由现金流作为企业价值评估的新概念、理论、方法和体系,最早是由美国西北大学的拉巴波特和哈佛大学的詹森等学者于20世纪80年代提出的。

由于自由现金流量不受会计方法的影响,因此受操纵的可能性较小,可在很大程度上弥补净利润和经营活动现金净流量指标在衡量上市公司业绩上的不足,并结合多方信息,综合股东利益及企业持续经营的因素,有效刻画了上市公司基于价值创造能力的长期发展潜力。因此,自由现金流是投资者评估企业价值的一个重要测量工具。也是企业给付所有现金开支及运营投资后所持有的剩余资金,更是企业为各种求偿权者尤其是投资者/股东所能提供的回报。

下面为大家展开讲解。

## 7.2.1 什么是自由现金流

企业在满足了再投资需要之后剩余的现金流量,这部分现金流量是在不影响企业持续发展的前提下可供分配给企业资本供应者的最大现金额。大家可以简单理解为,自由现金流量是指企业经营活动产生的现金流量扣除资本性支出的差额。它可分为企业整体自由现金流量和企业股权自由现金流量。

【整体自由现金流量】是指企业扣除了所有经营支出、投资需要和税收之后，并在清偿债务之前的剩余现金流量，用于计算企业的整体价值，包括股权价值和债务价值，计算公式如下：

FCFF=息税前利润−税金+折旧与摊销−资本性支出−追加营运资本

【股权自由现金流量】是指扣除所有开支、税收支付、投资需要以及还本付息支出之后的剩余现金流量，可简单地表述为"利润+折旧−投资"。常用于计算企业的股权价值。

FCFE=净收益+折旧与摊销−资本性支出−营运资本追加额−债务本金偿还+新发行债务

## 7.2.2　评估模式

以现金流量折现模型为例，对被投资企业进行价值评估一般应按以下步骤进行。

### 1. 预测绩效与自由现金净流量

包括计算扣除调整后的营业净利润与投资成本、计算价值驱动因素、分析企业财务状况、了解企业的战略地位及产品的市场占有率、制订绩效前景、预测个别详列科目、检验总体预测的合理性和真实性。将企业经过审计的现金流量表进行明细科目的细化分析，结合企业经营的历史、现状和预测分析所得出的企业预计现金流量表，应该具有相当强的科学性和准确性，以此为基础计算出的自由现金净流量的可信程度是很高的。

### 2. 估测折现率

包括权益性资金成本估算、负债性资金成本估算、确定目标市场价值权数、估计不同行业或企业的报酬率随整个上市公司平均报酬率变动的"β系数"，根据机会成本要求最低资金利润率，从而合理选定折现率。

### 3. 估测连续价值

价值评估工作主要取决于对企业所在行业及普遍的经济环境的了解，然后进行仔细的分析、认真的预测。选择正确的方法是价值评估过程中的重要方面，更主要的是拥有齐全的历史财务和统计数据，采用科学的态度去认真分析和预测，才能避免误区，得到真实可靠的结论。

## 7.2.3　价值优点（相对其他财务指标）

自由现金流量是企业通过持续经营活动所创造的财富，并且涵盖了来自三大报表的资料，与利润、经营活动产生的现金流量等指标存在很大差别。下面就人为操纵、股权投资、持续经营、时间价值、信息综合性五个方面来展示自由现金流量较其他财务价值指标的优点。

### 1. 不受人为操纵

由于会计上遵循权责发生制，收入上不需要以收到现金来确认，损失可被挂账或以谨慎为由，以准备形式产生，财务操纵利润有较大的空间。自由现金流量则是根据收付实现制确定，需要认准的是，是否收到或支付现金，一切调节利润的手法都对它毫无影响。

此外，自由现金流量认为只有在其持续的、主要的或核心的业务中产生的营业利润，才是保证企业可持续发展的源泉，而所有因非正常经营活动产生的非经常性收益（利得）不计入自由现金流量。它只计算营业利润而将非经常性收益剔除在外，反映企业实际节余和可动用的资金，不受会计方法的影响。所以，自由现金流量弥补利润等指标在反映公司真实盈利能力上的缺陷，而且它也是企业在扣除了所有经营成本和当年投资之后剩余的现金利润。这些利润可以以真金白银的形式全部分配给企业的投资者，包括股权投资者和债权投资者。

### 2. 反映企业真实价值

会计利润核算有一个致命的缺陷，就是未考虑股东的股权投资成本。尽管会计方法将债务资本的成本在计算时以财务费用的形式扣除了，但通常不扣减因使用权益资本而产生的成本，认为留存收益、通过发行新股获得的资金可以无偿使用。造成很多企业的经营者根本不重视资本的有效配置。经营活动产生的现金流量只关注由企业的经营活动带来的现金流进，更是没考虑股东的资本成本。

关于股权资本的成本问题，自由现金流量显然是将其考虑在内。因为自由现金流量是在不影响公司持续发展的前提下，将这部分由企业核心收益产生的现金流量自由地分配给股东和债权人，是投资收益的最大红利，也是客观的衡量依据，消除了可能存在的水分，反映了企业的真实价值。

### 3. 真实展现企业未来趋势

自由现金流量最大的特色在于"自由"二字，它是以企业的长期稳定经营为前提，将经营活动所产生的现金流用于支付维持现有生产经营能力所需资本支出后，余下的能够自由支配的现金，旨在衡量公司未来的成长机会。

拥有了稳定充沛的自由现金流量意味着企业的还本付息能力较强，生产经营状况良好，用于再投资、偿债、发放红利的余地就越大，公司未来发展趋势就会越好。

同时，经营者也可将它作为判断财务健康状况的依据。当自由现金流量急剧下降时，说明企业的资金运转不顺畅，可能是财务危机即将来临之时。

自由现金流量还可以作为经营者判断销售及收现能力的依据，如销售增加而自由现金流量并未变化，说明销售的收现能力下降，存在大量赊销，增加了经营风险。

总之，自由现金流量可为投资者、管理者和债权人提供企业在未来一段时间内发展的指向。

### 4. 如实反映资本的时间价值

利润在计算过程中采用历史成本，企业的各种资产应按其取得或购建时发生的实际成本进行核算，并在后期保持一致。但资本具有价值，显然，利润忽略了资本的时间价值。

自由现金流量考虑了资本的连续运动过程，任何资金使用者把资金投入生产经营用于购买生产资料与劳动力，并两者相结合后，都会生产新的产品，创造新的价值，带来利润，实现增值。

自由现金流量通过折现反映了资本的时间价值，为指标使用者带来一个更可信的价值。

**5. 综合反映企业经营成效**

利润来自损益表，经营现金净流量来自现金流量表，由于它们的计算仅仅局限于各自所在的财务报表，因而在一定程度上不能代表企业整体特征。

自由现金流量则涵盖了来自损益表、资产负债表和现金流量表中的关键信息，比较综合地反映了企业的经营成效，并通过各种信息的结合，甩干上市公司各项衡量指标中的"水分"，实现去伪存真。

【补充：现金流与自由现金流的区别，会计现金流是指某一段时期内企业现金流入和流出数量，反映现金的来源和使用情况，强调现金流动，包括经营活动的现金流、投资活动的现金流和筹资活动的现金流。自由现金流指现金流与资本支出之间的差，它可以包括经营活动所产生的现金流，而不包括投资活动和筹资活动所产生的现金流。】

# 7.3 K线背后其实是人心

K线又被称为"蜡烛图"，起源于日本在大米市场的交易，用来计算米价每天的涨跌，包括每天的开盘价、收盘价、最高价、最低价等信息。正是因为其对价格的描述简洁、形象，后来被大家借鉴，引入到股票市场，经过300多年的发展，目前广泛应用于股票、期货、外汇和期权等交易市场。通过K线，可以把每天交易情况的价格变动等信息记录下来，然后经过一段时间的记录，不同交易日K线的组合，就能够给参与交易的人员提供价格变动的信息，而K线组合形成的不同形态就是资金在参与相应标的过程中博弈的结果，反映资金背后的人心。所以，在股票市场中我们通过股票K线的变化可以推断出很多隐藏在背后的信息，下面我以几个具体股票标的来举例，给大家看一下如何通过K线发现背后的资金动向。

　　我们知道股票市场有一类股票是次新股，它是刚刚上市的股票，我们以这类股票举例是因为其刚刚上市后交易过程中筹码比较简单，不会有大股东或者所谓的"庄家"存在。这里我们就可以设定参与次新股的资金都是从新股开板后而介入的市场资金，当然，这些市场中的资金肯定也有资金量的区别，可分为散户、大户、主力资金等（在第8章中将会对股票背后的资金结构进行详细讲解）。散户的单个资金量通常很小，不能对股票走势产生什么影响，大户每天在交易过程中的买卖行为会在一定程度上对分时图产生轻微的影响（大家不用太过在意这类资金），但是主力资金不同，它们的资金量大，市场理解力强，通常在交易过程中能够很大程度上影响到一只股票的短期走势，而其买卖行为由于对股票的影响，必然会在交易过程中或是在K线上露出痕迹，通过在K线上露出的痕迹来把握股票背后的人心，猜测资金下一步的行为，才是最有意义的操作。

　　下面为大家展示两只股票的走势图，这两只股票是在主力资金的参与下，完成吸筹、拉升和出货的完整流程标的。

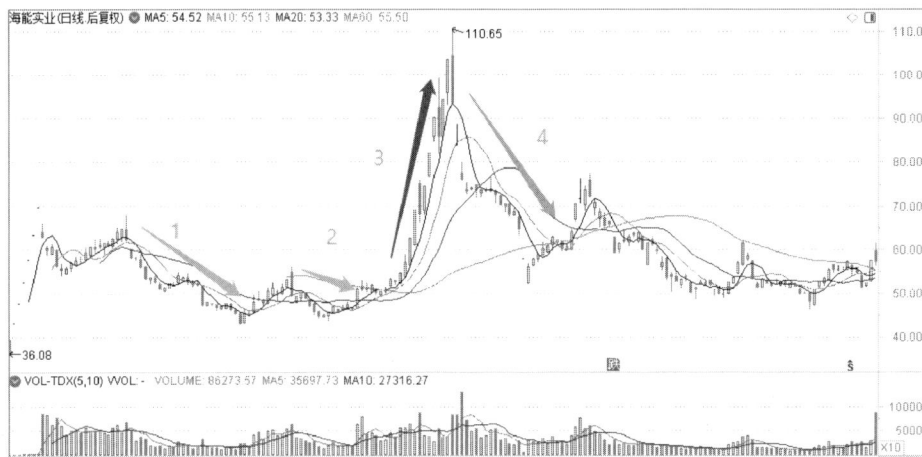

上面K线图中的关键点是K线的走势和成交量的变化，对于一只次新股，开板后，都是新介入的资金参与炒作，无论是机构还是大股东或是大户、散户都是公平竞争，所以，开板后的一段时间内是最充分的市场博弈。但是我们从上图中看到：在1阶段时，该股票的成交量在短暂拉升过后骤减，从开板后平均每天2.5亿元的成交量降低到平均每天0.5亿～1亿元的成交量。这种走势显然很不正常，所以，从这里减少的成交量我们就基本可以判断出这里有主力资金吸筹，锁定了1.5亿～2亿元的筹码，然后2阶段同样如此，所以我们看到主力资金通过1、2阶段总共吸收了3亿元左右的筹码。紧接着在3阶段，成交量放大并伴随股价的大幅度拉升，随后在4阶段，股价伴随着出货大幅度下跌。如果大家能看明白这一过程，在3阶段"潇洒离去"一定能赚取大笔利润。反之不及时抽身，必然会有较大损失。

当然，单从走势也不能完全确定，毕竟市场走势还有很多偶然因素，这时我们通过一个股票的成交回报就能佐证我们的判断。在股价大幅波动后，每天的龙虎榜成交回报上，我们会看到几个关联账户在间断地交易。我们就能基本得出以上判断大概率为真。

同理，还有另外一只股票——电声股份也是如此，如下图所示。

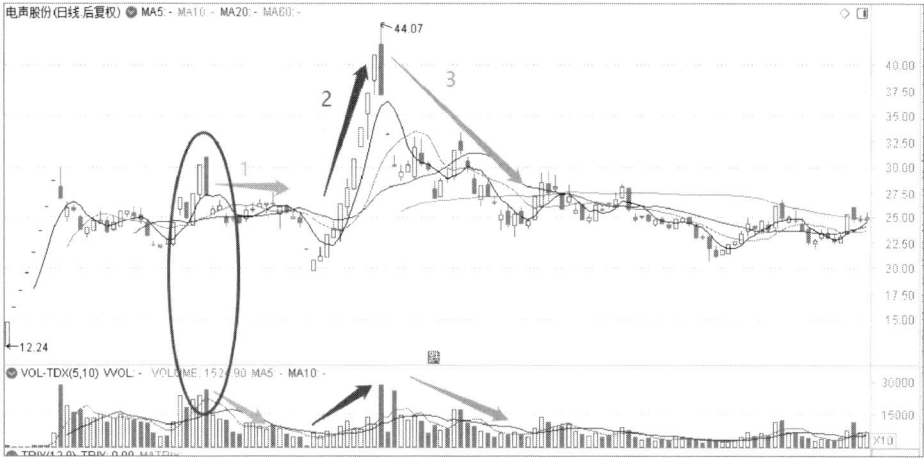

在电声股份走势过程中，通过1处前后两次缩量吸筹，借用大盘大跌完成洗盘，随后2处连续拉升，再到3处派发筹码。在2月14日的龙虎榜上也能够清晰地看到资金在对倒做T，降低成本，所以我们得出结论：这一路主力资金做股票过程中主要都用此类操盘方法，这两只股票也是同一类走势，那么，如果在其吸筹介入阶段我们通过发现他们参与股票的蛛丝马迹，就能够提前于主力资金拉升操作前参与进去，等到其拉升介入后，及时抽身，获取相应的利润。

那么，我们通过对K线的判断，结合成交量加之炒作题材的规律，就可以去寻找有可能继续被主力资金盯上的股票。这里仍然通过以上两只股票来举例（当然只是符合当时的炒作氛围，未来会如何炒作还需要发现新规律，此处仅作为举例，发现规律的方法相通）。

### 1. 从题材上看

海能实业的题材是无线耳机，电声股份的题材是网红直播，那么，很容易看出：它们这一路资金在做股票时，一只是次新股，另外一只是被当作概念炒作。

### 2. 从形态走势上看

从形态上我们也能够看到比较明显的特征：两只股票在1处都经历了两三个交易日的大幅度上涨和下跌，完成一个放量的过程。这个放量过程就是资金介入的痕迹。在完成波动放量后，成交量迅速缩减，而且是非常不正常的缩减，那么，这个过程就是资金锁仓的过程。

我们知道一只股票在日常波动过程中如果没有外力介入，成交量应该会趋于稳定，而这种成交量骤减的现象，通常代表一部分资金的锁仓态度，我们也可以通过它计算出主力持仓的比例。方法为：按照放量前的成交量减去缩量后的成交量，得出的成交量差，便是这波资金介入的仓位规模，成本也可以大致估算出来。

海能实业第一波缩量，从3亿元降低到1.5亿元，第一波入场资金是1.5亿元；第二波震荡缩量，从2.4亿元大致降低到1.2亿元，即第二波入场资金大概是1.2亿元。但是这个数字并不精确，因为在整个过程中，也会出现资金损耗和一些做T，所以，资金大致的计算可以上下浮动1亿元，因此，此时的入场资金规模应该是1.5+1.2=2.7亿元，也就是这拨资金在拉升股价之前，大致入场底仓为2亿～3亿元。然后资金成本第一波吸筹平均在60元/股，第二波在50元/股。

有了这些数据，我们再来分析这只股票就会从容很多。不管是参与还是持股，只要低于主力的成本，我们就可以慢慢低吸，而在拉升过程中，只要我们密切关注主力资金各个席位的出入，计算好其出入规模，是不是就能够看懂其是在拉升，还是在洗盘，还是在出货等（主力资金的拉升、洗盘、出货、砸盘等具体操作将会在第8章中进行详细讲解）。同理，电声股份我们也可以这样来分析，这个过程我就不再重复了，如果我们清楚它的筹码成本和大概持仓规模，作为投资者，其实可以试着去参与博弈，参与这类机会。

当然，不管是什么规律、什么方法都有时效性，因为股市的最大特点在于其规律不断变化，所以，我们没有必要去死记硬背过去的这些K线图和炒作规律，但是我们可以通过对过去的炒作规律去发现资金在参与过程中留在K线上的痕迹，这样就可以在今后的投资生涯中不断发现资金在参与市场中炒作的方法和K线背后的人心。

# 7.4　职业投资者如何调研一个行业

普通投资者对行业/企业调研, 通常会对点或是基本面进行分析, 然后加上一些零散的资料、报表、公众号或是从高手文章中获取关键信息, 最后加上自己的"经验"或是"领悟"决定是否投资。其实, 这种操作并没有错, 只是不够体系, 往往都是盲人摸象。职业投资者在决定投资某一行业前, 通常会对目标行业进行体系化分析, 对行业的现状和未来发展趋势等有一个全面立体的认知把握, 以大概率避免方向性的错误, 然后找准投资的切入点, 比如处于非常景气的行业或者有良好发展前景的行业, 投资成功的概率会大许多。反之, 投资不景气的行业, 或者受到政策调控的行业, 即使企业再怎么努力, 也不可能产生很好的经济效益和社会效益, 投资失败的概率会大大增加。

那么, 如何有针对性地做好行业分析? 大家需要关注以下几个方面。

### 1. 明确行业分析的目的

行业分析主要围绕着为具体项目提供投资决策的依据而展开, 对于任何细分市场(或是单一细分市场)都需要仔细分析, 特别是市场的状况和发展前景。大家可以从以下几个方面入手:

(1)商业模式是什么? 是不是好生意?

(2)基本状况是什么? 比如行业现状是什么? 政策是否支持? 是否符合大趋势?

(3)天花板在哪里?

(4)行业规模有多大? 未来几年的增长速度能达到多少?

(5)行业的价值链怎样构成? 产业链中哪一段最有投资价值?

(6)行业内的龙头企业有哪几家? 总体利润水平如何? 能否走向资本市场?

(7)行业内上市公司有多少家? 能否容纳更多的上市公司?

(8)核心竞争力是什么?

（9）回报率是多少？有没有护城河？

（10）行业周期的位置在哪里？

### 2. 建立有效的资料收集方法

（1）查询券商、基金等机构的行业报告。

（2）查询行业期刊、专业杂志、行业协会网站。

（3）查询行业重点企业报告、招股说明书。

### 3. 专注重要分析点

（1）行业提供哪些产品或服务，企业用什么途径或手段向谁收费来赚取商业利润？

（2）股东结构、领军人物、团队、研发、专业性、业务管理模式、信息技术应用、财务策略或发展历史等是否具有核心竞争力。同时，判断行业的格局和价值观，因为这些直接决定行业的前途和投资回报率。

（3）行业未来的增长空间（也就是成长性）。

（4）政策对行业的影响？

（5）行业的增值过程，重点关注产业链上增值幅度最大的节点。

（6）行业中主要的产品和技术水平。

（7）行业竞争的关键因素（根据需求分析：质量、价格、服务；根据技术水平分析：未来技术创新的方向与影响）。

（8）行业内企业发展的决定因素。

### 4. 形成报告

通过数据的收集、资料的罗列和信息的综合分析，最终得出结论并形成报告，以指导我们的投资决策，如投资与否、投资多少、什么时候投资等。报告结构可以具体、灵活地安排，不过至少需要包含以下几点：

（1）这个行业现状、周期性情况和未来成长性是否具有投资价值？

（2）行业内的龙头企业是哪些？

（3）行业内的竞争取得超越竞争对手的关键因素是哪些？

（4）行业内的企业是否能够走向资本市场或存在并购的机会？

（5）行业的上下游（行业价值链构成）及护城河的情况是怎样？

**案例：血制品行业研究**

行业现状：

血液制品主要指以健康人血浆为原料，采用生物学工艺或分离纯化技术制备的生物活性制剂，属于生物制品。人体血液由血浆（占比血液体积50%）、红细胞、白细胞和血小板组成。其中，血浆中有约7%的蛋白质，在这些蛋白质中约60%为白蛋白、约15%为免疫球蛋白、约1%为凝血因子类、约24%为其他蛋白成分。

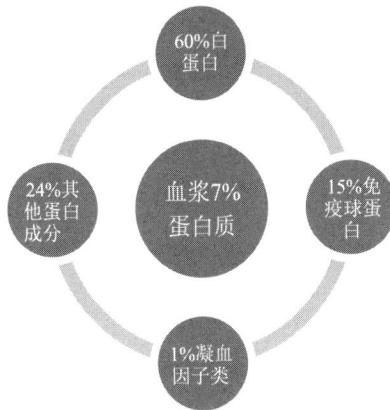

人血白蛋白主要用于调节血浆胶体渗透压、扩充血容量、心脏手术、肝脏疾病、失血创伤、烧伤、血液透析的辅助治疗等；免疫球蛋白类产品主要用于免疫球蛋白缺乏症、自身免疫性疾病及各类感染性疾病的预防与治疗；凝血因子类产品用于治疗各种凝血障碍类疾病，并且在外科手术止血中也有广泛应用。另外，血浆中还包含特异性免疫球蛋白，可用于狂犬病预防、破伤风、乙肝和肝脏移植手术等。

血液制品产品目前已经多达20余种，其中天坛生物、上海莱士和华兰生物三家公司产品占比已经超过50%，同时品类较为齐全。

行业价值链构成（上下游情况）：

上游企业是血液制品企业（自身控制的单采血浆站负责采浆，采集对象18～55岁的健康公民）。下游企业是药品经营企业（经销商），最后由医院、疾病控制中心等医疗机构提供给患者。由于我国血液制品总是供不应求，因此，血液制品行业的上游直接决定了行业原材料的多少，影响血液制品的产量，下游需求影响较小。

行业护城河：

血液制品关系到患者的生命健康，因此，国家非常重视。我国自2001年起不再批准新的血液制品生产企业，进入血液制品行业进行血液制品生产有极高的资质壁垒，并分别在2008年、2012年和2016年出台了多项单采血浆站管理政策及实施意见，更多地倾向具有独立研发能力、血浆综合利用率高的优质、大型企业。

另外，医疗结构和客户对行业口碑较好的企业或是知名度较高的企业有潜移默化的依赖性，因此，品牌效应明显。

行业成长性：

从批签发市值角度来推算（批签发量×平均中标价），2019年我国血制品行业市场规模达到360亿元左右，同比增长18.29%。其中，白蛋白市场规模达到220亿元，市场份额约占61.68%，略高于批签发量占比，其中国产与进口白蛋白占比分别为24.12%和37.57%（国产86.7亿元，进口135亿元）；免疫球蛋白市场规模合计约121亿元，市场份额为33.68%，其中静丙单价相对较高，市场份额达到20.70%（74.5亿元），已接近国产白蛋白市场份额；狂免与破免市场份额相近，分别为6.20%和5.28%；凝血因子类市场规模约17亿元，市场占比为4.63%，其中八因子与纤原的市场份额分别为1.91%和2.18%。

另外，据MRB统计，2016年全球血制品市场合计212亿美元，2019年市场合计在260亿～280亿美元（不含重组产品），其中免疫球蛋白（静注人体免疫球蛋白+皮下注射人体免疫球蛋白）占47.3%，而白蛋白仅占15.7%，因此，静丙是全球血制品市场的首位品种，近年来，全球血制品市场的增长主要靠静丙驱动。目前国内静丙的市占率仅为20%，未来成长潜力巨大。

行业周期性：

血液制品行业属于医药制造业，无明显的周期性，也没有明显的季节周期性。人口密度和消费水平对其有一定的影响。

行业生命周期：

我国血液制品大多数处于供不应求的成长期。

国内行业龙头企业情况：

到2021年为止，我国有资质的血液制品企业不到35家，由于政策规定了严格的准入条件，因此，包括天坛生物、华兰生物、上海莱士和泰邦生物等大型血液制品公司，不仅没有受到新势力的冲击，还逐渐形成寡头格局。据不完全统计，国产蛋白CR4市占率为60.79%，静丙CR4市占率为63.49%。

2013年以来，我国静丙市场集中度同样提升明显，7家上市公司（天坛、华兰、泰邦、莱士、卫光、双林、博雅）的市场份额从2013年的56.83%提升至2019年的77.56%。但自2017年以来，7家上市公司的市场份额提升速度明显放缓，可能与上市公司在静丙去库存压力较大的背景下，主动调整生产计划，加大特免的生产有关。随着竞争的加大、监管的加强，部分靠后企业可能会被淘汰。

分析报告：

血液制品行业具有较好的成长性，市场空间较大，市场壁垒高，政策保护明显，值得投资考虑。行业内的多家企业已经实现上市，随着时间的推移和监管的加强及技术更新，将会出现行业高度集中化，甚至是寡头的局面，部分落后企业将会被并购。只要企业能够继续拓展原料来源，在一定程度上就能领先于其他企业。

【注意：本案例主要是带领大家按职业投资者的方法来分析行业数据，不是让大家去投资本案例中的行业或企业。】

# 7.5 像职业投资人那样去估值

股票估值通常被投资者用来分析某行业或是上市企业内在价值，分析出行业或是企业的股价值多少钱，是否适合买入。现有的估值方式通常有两种：一是绝对估值，二是相对估值。在实操中，专业投资人对行业或是企业的估值，不会只用某一种，而是两种结合使用或是综合考量，做到对二级市场的真正了解。

## 7.5.1 绝对估值

绝对估值是分析上市企业历史及当前基本面，并预测/预算未来能反映公司经营状况的财务数据，以获得上市公司股票的内在价值。由于股票的价格总是围绕着股票的内在价值上下波动。所以，一旦发现价格被低估的股票，即可在股价远远低于内在价值时买入，而在股价回归到内在价值甚至高于内在价值时果断卖出以获利。它分为：股利贴现模型（DDM）、自由现金流折现估值模型（DCF）和经济收益附加值贴现模型（EVA）。

### 1. 股利贴现模型（DDM）

股利贴现模型（Dividend Discount Model），简称DDM，是一种最基本的股票内在价值评价模型。威廉姆斯（Williams）和戈登（Gordon）在1938年提出了公司（股票）价值评估的股利贴现模型（DDM），为定量分析虚拟资本、资产和公司价值奠定了理论基础，也为证券投资的基本分析提供了强有力的理论根据。计算公式如下：

$$V = D_t \div (k-g)$$

其中，$V$ 为每股股票的内在价值，$D_t$ 是第 $t$ 年每股股票的股利期望值，$k$ 是股票的期望收益率或贴现率（discount rate），$g$ 为股票的增长率。

### 2. 自由现金流折现估值模型（DCF）

它是将一项资产在未来所能产生的自由现金流（通常要预测15～30年）根据合理的折现率（WACC）折现，得到该项资产在目前的价值，如果该折现后的价值高于资产当前的价格，则有利可图，可以买入，如果低于当前的价格，则说明当前价格高估，需回避或卖出。

DCF理论可以算是无可挑剔的估值模型，尤其适用于那些现金流可预测度较高的行业，如公用事业、电信等，但对于现金流波动频繁、不稳定的行业，如科技行业，DCF估值的准确性和可信度会有所降低。

### 3. 经济收益附加值贴现模型（EVA）

EVA是英文Economic Value Added的缩写，一般译为附加经济价值。它是全面衡量企业生产经营真正盈利或创造价值的一个指标或一种方法。计算公式如下：

$$附加经济价值＝税后利润－资本费用$$

其中：税后利润＝营业利润－所得税额　　资本费用＝总资本×平均资本费用率

（平均资本费用率＝资本或股本费用率×资本构成率＋负债费用率×负债构成率）

投资者评价一家企业好坏，可根据这家企业是否能给股东带来更多的财富，于是1989年思腾斯特公司提出了EVA概念。他们认为，股东投入的资源是有成本的（机会成本），只有企业的盈利超过投入资源的机会成本，才能为股东创造价值。

## 7.5.2　相对估值

相对估值方法也被称为乘数估值模型。其逻辑相当简单，即用被估值公司的某一变量（通常选取影响股票内在价值的重要变量，如收益、现金流、账面价值、销售额等）乘以某一乘数，实现对股票估值。因此，相对估值法的计算方式相对简单,可以被迅速处理和运用。不过,它不能够反映行业或是企业的长期增长率或相关风险因素。

相对估值使用市盈率、市净率、市售率、市现率等价格指标与其他多只股票(对比系)进行对比,如果低于对比系相应指标值的平均值,股票价格被低估,股价将很有希望上涨,使得指标回归对比系的平均值。

### 1. 市盈率(PE)

它是简洁有效的估值方法,计算公式为:PE=P÷E,其核心在于E的确定,即价格与每股收益的比值。如果企业未来若干年每股收益为恒定值,那么PE值代表企业保持恒定盈利水平的存在年限,类似于实业投资中回收期的概念,只是忽略了资金的时间价值。而实际上保持恒定的E几乎不可能,E的变动往往取决于宏观经济和企业生存周期所决定的波动周期。所以,在运用PE值时,E的确定显得尤为重要,由此也衍生出具有不同含义的PE值。

E有两个方面,一个是历史的E,另一个是预测的E。对于历史的E,可以用不同E的时点值,可以用移动平均值,也可以用动态年度值,这取决于想要表达的内容。对于预测的E,预测的准确性尤为重要,在实际市场中,E的变动趋势对股票投资往往具有决定性的影响。

对于股票投资,准确预测E非常重要,E的变动趋势往往决定了股价是上行还是下行。但股价上升或下行到多少算是合理呢?PB&ROE可以给出一个判断极值的方法。

### 2. 市净率(PB)

股票的市净率是指股票市场价格与股票每股净资产的比率,计算公式如下:

$$市净率=股价÷每股净资产$$

$$或市净率=市值÷净资产。$$

通常市净率较低的股票投资价值较高,相反,则投资价值较低,但在判断投资价值时,投资者应该主要根据公司未来的盈利能力(净资产的回报率)。

如果一只股票的上市公司基本面一般，但股票价格被市场疯狂炒作后，导致个股市净率较高，这时企业股票后续上涨空间有限，股票价格泡沫较大，有下跌回调风险。如果一只股票市净率较低，表示股票估值相对较低，股票价格后续上升概率较大，投资价值越大。

如果企业的盈利前景较稳定，没有表现出明显的增长性特征，企业的PB值显著高于行业（企业历史）的最高PB值，股价触顶的可能性较大。

这里提到的周期有三个概念：市场的波动周期、股价的变动周期和周期性行业的变动周期。这里的PB值也包括三种：整个市场的总体PB值水平、单一股票的PB值水平和周期性行业的PB值变动。当然，PB值有效应用的前提是合理评估资产价值。

【补充：相对于市盈率，市净率的优势有四点：一是市净率可适用于亏损企业；二是适用于周期性行业；三是对于资产包含大量现金的公司的估值更理想；四是更适用于股本的市场价值完全取决于有形账面值的行业。】

### 3. 市销率（PS）

在国内证券市场运用市销率（Price-to-Sales）指标选股可以剔除那些市盈率很低但主营业务没有核心竞争力且主要依靠非经营性损益而增加利润的股票（上市公司）。因此，该项指标既有助于考察企业收益基础的稳定性和可靠性，又能用于有效把握其收益的质量水平。计算方式如下：

$$PS=总市值 \div 主营业务收入\quad 或者\quad PS=股价\div每股销售额$$

市销率越低，说明该公司股票的投资价值越大。它主要适用于销售成本率较低的服务类企业，或者销售成本率趋同的传统行业或企业。具体优点体现在三个方面：一是它不会出现负值，对于亏损企业和资不抵债的企业，也可以计算出一个有意义的价值乘数。二是较稳定、可靠，不容易被操纵；三是收入乘数对价格政策和企业战略变化敏感，可以反映这种变化的后果。

当然，市销率也有几个明显的缺点：一是不能反映成本的变化，而成本是影响企业现金流量和价值的重要因素之一;二是只能用于同行业对比,不同行业的市销率对比没有意义;三是上市公司关联销售较多,该指标也不能剔除关联销售的影响。

### 4. 市现率(PCF)

市现率是股票价格与每股现金流量的比率,计算公式如下:

$$市现率(PCF) = 每股股价(P) \div 每股企业自由现金流(FCFF)$$

它提供了一个新的视角来认识估值和市场中估值差形成的内在原因,一些貌似并不便宜的企业以更具价值(现金流创造力)的形式体现出来,而另一些业绩爆发中动态PE貌似很低的企业则显示出惊人的经营风险。

其主要用于评价股票的价格水平和风险水平。市现率越小,表明上市公司的每股现金增加额越多,经营压力越小。对于参与资本运作的投资机构,市现率还意味着其运作资本的增加效率。不过,在对上市公司的经营成果进行分析时,每股的经营现金流量数据更具参考价值。

另外,大家还需要注意的是,由于企业年报中出现的都是每股经营活动产生的现金流量,而忽略了投资活动产生的现金流量和筹资活动中所产生的现金流量,因而在使用该指标判断一家企业的股价是否具有吸引力时,更应该结合其他两个指标。原因在于,经营活动产生的现金流量只反映了其经营状况,而没有反映其在分红融资和对外对内投资的情况,好比只计算了你的工资收入和在工作上的支出,而生活和教育等其他方面的支出完全没有考虑,这样的数据不能体现一个人的收入和消费情况,同时也不能体现一家企业运用现金的能力。

同时,大家也应该注意到公司每笔巨大现金的使用情况,是用来购买生产设备还是用来支付分红,不同的现金使用方法对于公司的影响不同,也应加以区分。

### 5. 企业价值倍数(EV/EBITDA)

它是一种被广泛应用的公司估值指标,对企业进行整体评估,基于资产负债表和利润表，既包括股权，也包括债权。可简单理解为：若企业经营状况不变，企业的整体并购成本可以由多年的经营业绩来覆盖，是专业投资者非常喜欢的一个估值系数。其计算方式如下：

$$企业价值倍数=EV/EBITDA$$

其中，企业价值（EV）=市值+（总负债−总现金）；EBITDA=营业利润+折旧费用+摊销费用。

EV/EBITDA和PE同属于可比法，在使用方法和原则上大同小异，只是选取的指标口径有所不同。不过，EV/EBITDA较PE有明显优势：一是由于不受所得税率差异影响，使得不同国家和市场的上市公司估值更具可比性；二是不受资本结构不同的影响，即使公司对其资本结构进行改变也不会影响估值，同样有利于比较不同公司估值水平；三是排除了折旧摊销这些非现金成本的影响（现金比账面利润重要），可以更准确地反映公司价值。

【补充：EV/EBITDA更适用于单一业务或子公司较少的公司估值，如果业务或合并子公司数量众多，需要做复杂调整，有可能会降低其准确性。另外，EBITDA中没有考虑税收因素，因此，如果两家公司之间的税收政策差异很大，该指标的估值结果就会失真。】

### 6. 净资产收益率（ROE）

净资产收益率（Return on Equity，简称ROE），又称股东权益报酬率、净值报酬率、权益报酬率、权益利润率、净资产利润率，是净利润与平均股东权益的百分比，是公司税后利润除以净资产得到的百分比率，该指标反映股东权益的收益水平，用于衡量公司运用自有资本的效率。指标值越高，说明投资带来的收益越高。该指标体现了自有资本获得净收益的能力。计算公式如下：

$$净资产收益率（ROE）=净利润÷净资产$$

其中：净利润=税后利润+利润分配；净资产=所有者权益+少数股东权益。如果不分配利润，或者不存在企业合并时，净利润=税后利润，净资产=所有者权益,则净资产收益率=税后利润÷所有者权益。

因此,它可以衡量公司对股东投入资本的利用效率。它弥补了每股税后利润指标的不足。例如,在公司对原有股东送红股(免费派送给股东的股份)后,每股盈利将会下降,从而在投资者中造成错觉,以为公司的获利能力下降了,而事实上,公司的获利能力并没有发生变化,用净资产收益率来分析公司获利能力就比较适宜。

## 7.6 避免业绩雷

我们知道,业绩是影响一家公司市值的一个重要因素。因为它代表着公司的挣钱能力,而一家公司的盈利能力直接锚定了该公司的市值,所以,每当上市公司披露业绩时,投资者们都是喜忧参半。这里我们先不谈预期,因为影响公司股价的因素不仅仅是业绩,还有披露业绩之前市场对该公司盈利能力的预期是否符合的问题。这时候需要我们密切关注参与投资标的的业绩问题。

有时上市公司会出现一些没法避免的雷,比如新城控股的董事长事件,乐视董事长事件,长生生物的假疫苗事件等,它们很难避免,但有一大部分雷是可以通过很简单的方法来排除的,其中以业绩雷最为典型。

公布业绩通常有两种方式:业绩预告与业绩快报。业绩预告主要是对公司当期净利润情况的预计;业绩快报则比较全面,一般应披露公司的主要财务数据。

两个交易所关于业绩预告、业绩快报的披露规则也有所不同,但按照规定,上市公司应当在新一年的4月30日之前完成上一年年度报告的编制、报送和披露工作。所以,上市公司年报的披露时间一般是1月到4月。至于具体在哪一天,公司不同,时间自然也不同。因此,每年3月下旬到4月底是大部分公司业绩预告和业绩快报的披露时间,在这一时间段买卖股票前,大家一定要先查阅该公司的业绩,方法如下(以手机版同花顺为例)。

点击"F10"进入标的财务数据分析,大家可以看到很多业绩数据,这里关于年报业绩最主要的关注是净利润(点击"财务分析",再点击"净利润"),也就是该公司赚了多少钱。以丝路视觉为例,如下图所示,很容易看到前三个季度的业绩数据,它的综合业绩基本上算是一个中规中矩的小盘股的正常表现,起码没有太大的雷,日常经营的业绩不会亏损,所以算是没有雷。

下图所示的业绩全是负数且金额巨大,类似这种标的,大家在看数据都能直接看出亏损过大。当然,大家在选股时就不要做过多考虑,甚至直接不作为选择项。

# 第 8 章

# 决定股票和股市走势的
# 根本因素——资金

影响股票波动和股价走势的因素很多，如行业发展状况、公司经营状况、市场情绪、大政策环境及黑天鹅等，但最根本的因素是资金。股票市场的每一根K线图都是由资金绘制，每一次吸筹、拉升、洗盘、砸盘都是由资金操作。因此，我们看到的趋势图就是资金操作的痕迹图。

散户之所以被当作韭菜被割了一遍又一遍，不是技术分析的问题，也不是运气不好，更不是复盘不到位，更多的是股票市场的底层逻辑没有理透——资金是决定股票和股市走势的根本因素。

# 8.1 资金才是推动市场演变的根源

股票市场具有高风险、高回报的属性，吸引了各行各业的人参与其中，但无论新进入股市的朋友，在原行业中有多么能干、多么精明、多么全能，在股市中都容易出现亏损甚至巨亏，妥妥地成为"韭菜"。对于这一点，我作为投资从业者这么多年，特别能理解他们的困境，原因很简单，没有真正搞懂股市演变或是股价涨跌的根本规律：股票市场中每一只股票价格的涨跌都是资金推动（也是多空博弈，股票的资金结构在8.2节中将会具体讲解）的结果，资金直接决定股价涨跌，正如一些同行所说的"每一根阳线都是金钱堆积起来"，它才是推动市场演变的根源。

那些对行业或是企业的盈利情况、是否重组、政策变化、K线走势、基本面、波浪等分析的措施一点儿都没有错，但没有对股票市场中的资金（或是博弈，买卖双方的资金实力的较量）情况进行分析，尤其是大家最为熟悉的主力资金流入、流出等情况都没弄清楚，甚至是不能识别主力资金，无异于赌博，赚或亏全拼运气。

因此，大家心里一定要确立一个法则：股价涨跌、股市演变必须看准资金流向。资金流向的判断无论对于分析股市大盘走势还是对于个股的操作上，都起着至关重要的作用，而资金流向的判断过程相对比较复杂，非专业的朋友不容易掌握。下面为大家分享一些研判资金流向的实用方法，借大家一双"慧眼"，把股市资金的纷纷扰扰"看得清清楚楚、明明白白"。

## 8.1.1 识别主力

当某只股价在正常平稳的运行之中，股价突然被盘中出现的上千手大抛单砸至跌停板或涨停板附近,随后又被快速拉起。或者股价被盘中突然出现的上千手的大买单拉升,然后又快速归位,出现这两种现象,表明有主力在试盘或是主力在向下砸盘,是在试探基础的牢固程度,然后再决定是否拉升。该股如果在一段时期内总收出下影线,则主力向上拉升的可能性大;反之,主力出逃的可能性大。

可从以下几点进行识别:

- 突入性:正常情况下,股价在正常平稳中运行,如果突然在盘中出现上千手的大抛单,将股价砸至跌停板或者涨停板附近,随后又被快速拉起。又或者股价在盘中突然出现上千手的买单拉升又快速回归,表明有主力资金进入(只有主力资金才会对股票市场或是股票的涨跌起到根本作用,散户资金相对较小,对股市的影响有限)。

- 独立性:无论是分时图还是日K线的走势不受大盘左右,无论涨跌如何,该股票的走势依然特立独行、我行我素。其目的很明显:封死上涨和下跌的空间,防止其他主力抢盘,观察散户情绪,等待拉升机会。

- 成交量大:由于主力的资金规模大、实力雄厚,单次成交量通常都是上百手或是上千手。

- 打压股价:利用手中的筹码向下打压股价,以测试下档的承接力和原投资者持有筹码的稳定性。

- 震荡明显但成交量少:分时走势股价剧烈震荡,股价涨跌幅度巨大,明显感受到有只"手"在控制木偶一样让其上蹿下跳,但成交量却很少。日K线表现为:股价虽然起伏不定,但总是冲不破箱顶也跌不破箱底。日分时走势图上更是大幅震荡。买卖之间价格差距非常大,成交量极度萎缩。

- 股价利空不跌反涨:突然遭遇利空打击,股价不仅不跌反而上涨,即便当天下跌第二天便收出大阳,股价迅速恢复到原来的价位,明显违背常识,表明背后有主力在人为地拉升股价。

- 护盘:股价持续下降,但突然停在某个价位,阻断了股价持续下跌的态势。

【补充: 庄家与主力的区别, 在股市中, 庄家和主力是两个概念且完全不一样, 庄家是指能看到市场底牌的资金, 对个股具有全局性的掌控能力。而主力是对股价某个阶段有影响力的资金, 这个影响力是局部的, 而庄家对股市的影响力是全局的。】

### 8.1.2　判定主力资金强弱

资金是推动股价上涨的本质, 背后反映的是供求关系。因此, 购买股票的人数增多, 股价上涨; 卖出股票的人数增多, 股价下跌。根据这个原理, 分时股价变化线条则能直接识别主力资金介入的强弱——主力介入程度越强, 均价线所产生的角度越大。如下图所示, 均价线绝大部分在股价上方, 表明当日进场资金全部处于亏钱状态, 且均价线处于平缓状态, 说明主力资金较弱, 大家不宜跟进。

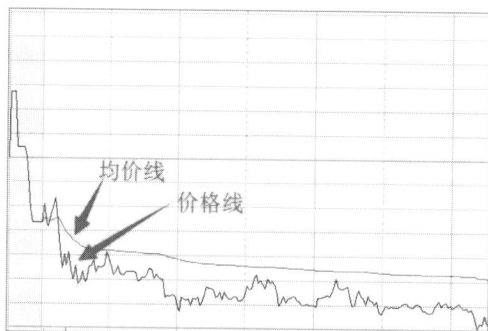

另外, 某只股票的价格持续下降时, 如果主力资金只能做到护盘, 不能直接拉升股价, 说明主力资金不仅不强反而较弱。

【补充: 由于资金在股市中的影响最为直接、最为及时、最为准确, 而技术分析是股价变化后形成K线后的操作, 时间相对滞后, 准确性更是带有欺骗性。因此, 资金分析优于技术分析更优于基本面分析。】

### 8.1.3　主力出货

主力出货是股市运作中的最后一道程序, 也是最后盈利的关键环节。虽然很多时候, 主力出货的手法比较高明且操作隐蔽, 但有经验的我们也能看出一些迹象, 其中最为明显的迹象有以下几点:

- 各种宣传消息频频传出, 媒体的宣传力度明显加大, 甚至一些股评人士也在大力推荐, 此时主力资金会出货。

- 在基本面、技术面和大盘都向好时, 股价处于高位滞涨, 甚至下跌, 主力资金/庄家出货的意图很明显。

- 股价有很大的"泡沫", 少则几倍、多则几十倍, 严重脱离了真实的内在价值(这一点在估值时已经讲解, 这里不再赘述), 此时, 主力资金随时都可能出货, 散户会在高位接盘。

主力出货的常见方式有以下几种:

### 1. 高位震荡出货

主力在高价位出货, 会引起很多其他参与者跟随, 必然会引起卖压增大, 促使股价下跌, 此时主力会出手护盘稳住股价, 随后对股价进行拉升, 以恢复散户的信心, 同时, 节省拉升股价的成本(部分散户会参与其中, 无论是抄底还是跟随主力), 这样反复几次, 造成股价在高位反复震荡, 主力在这个过程中分批出货盈利。作为散户, 此时应该赶快逃离, 如下图所示。

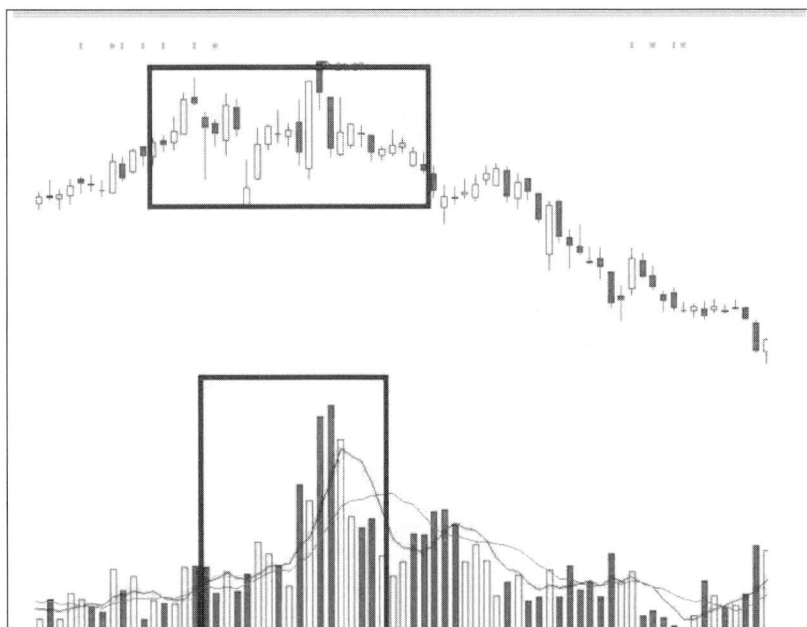

## 2. 横盘式出货

主力将股价拉升到目标价位或是理想价位后，会进行平台整理，给大家一种横盘整理后再次上涨的错觉，虽然一开始大家会觉得"有问题"，但是随着时间的推移，加上目标股是业绩优良的大盘股，大家就会觉得"正常"，慢慢放松警惕，主力资金就会在这个过程中"悠闲"出货。此时，大家应该提前出逃，不要被假象迷惑，如下图所示。

## 3. 涨停式出货

由于涨停对散户而言是一件非常利好的事情，而且涨停的个股一般都排列在涨幅榜的前列，很容易被市场发现和关注。因此，主力利用这种心理大幅拉升目标股价直至涨停，让处于观望的散户忍不住产生贪婪的心态，把股票紧紧攥在自己手里。主力则悄悄撤出挂在前面的买单，再将这些买单挂在跟风盘的后面，从盘面上看涨停板上的巨量买单数量并未变化，甚至还在增多。然后主力推出大量小批量卖单，逐步将手中的筹码让给排列在前面挂买单的散户，如下图所示。

### 4. 拉高式出货

　　主力利用个股的利好传闻吸引买家，先在上档期的几个不同价位上放上几笔大的卖单，等到人气最好时，小批量的买进，以刺激多头的人气和买气，诱导跟风盘去抢上档的卖单。从而在股价拉升的过程中出货。由于该出货方法需要对股价进行大幅拉升（可能是多次），因此，主力需要承担很大的成本和风险。此时，大家应该在主力停止拉升时赶快离场。下图所示的是主力资金拉伸股价出货（股价提升、成交量三次放量），随后股价下跌。

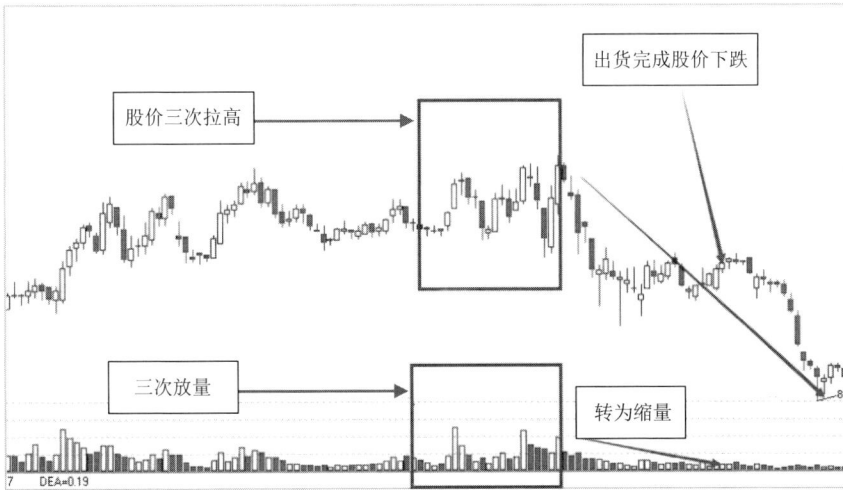

### 5. 打压式出货

通常在小盘股或业绩差的个股中，大家都抱着投机的心态参与其中，当股价已经炒到较高位置时，主力会在短期内大量抛售手中筹码造成股价连续下跌，最后完成出货。此时，主力不会太顾及获利，主要目的只是出货。在这个过程中，大家可以注意到两个最为明显的操作，一是股价的成本与利润都在翻倍或是翻了几倍（吸引投资者参与），主力迅速出掉一部分货，让投资者误以为是回调洗盘，后市会继续上升（后面确实有一波小的回弹）。二是股价回调的2~3天后，主力更加狠心打压股价让其加速下滑（断崖式下滑），散户完全被套牢，如下图所示。

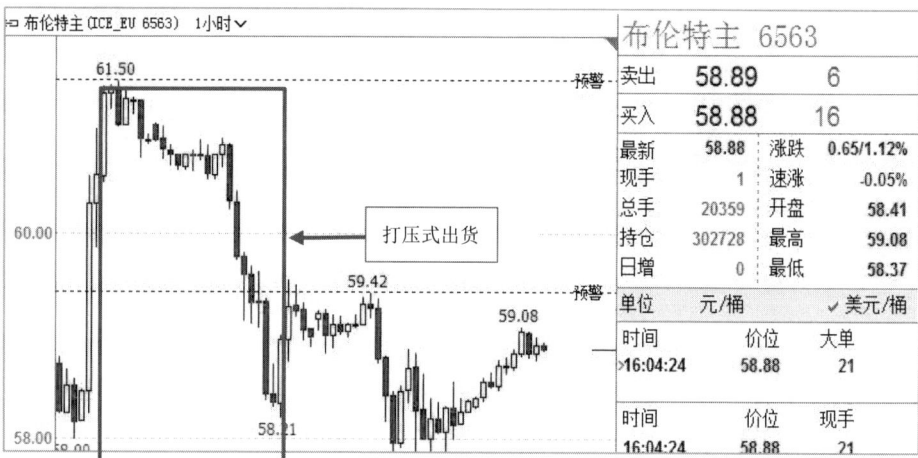

## 8.1.4　主力洗盘

主力洗盘，大家可以简单理解为：主力把盘中自己不希望留下的散户或是短线跟风盘冲洗掉（通常都是低成本筹码），最常见的是通过其他非自己的散户或中户进行换手，最终抬高筹码的成本，为轻松拉高做准备。其手法有很多种，包括打压式洗盘、震荡式洗盘、拉高式洗盘、箱形、旗形整理洗盘、缩量下跌、涨停突破法等。其具体操作的手法与出货很相似，而且不容易区分。以至于很多投资者在主力出货时误以为是在洗盘，在洗盘时误认为是出货，导致亏损或是套牢。

其实，在股价变化过程中，主力洗盘的手法有很多，甚至有一些"创新"手法，我们不能每一种手法或是新手法都认识（太多了也掌握不了），只需掌握其核心的特征：股价与成交量。其他任何的变化都只是"耍花样"，具体如下：

- 股价涨幅：主力参与股市的直接目的是获利，通常只有股价在大幅度增长、翻倍或是翻很多倍的情况下（排除重大利空，主力脱逃的情况）才会将手中的筹码售出，因此，洗盘时股价一般涨幅小于20%（出货一般大于50%，甚至100%）。

- 成交量少且逐渐减少：主力在洗盘时，震荡周期短、幅度较小，虽有成交量，但都是小量且不会出现巨量，而且会逐渐减少，如下图所示。

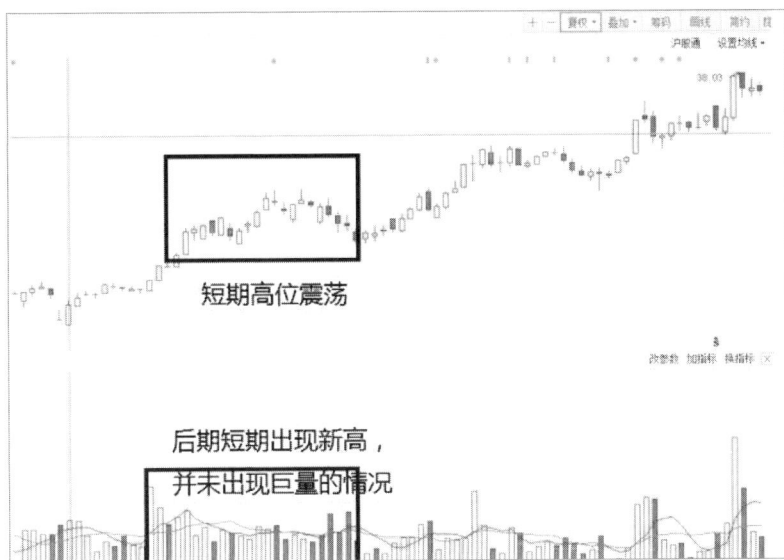

- 外盘与内盘成交量：主力洗盘当天，外盘和内盘成交量相差不多，并且不会出现大卖单（主力出货时不仅有大卖单出现，而且内盘也会大于外盘）。

## 8.1.5  主力砸盘

主力砸盘可以简单理解为：主力将手中的股票，以低于买价的价格持续不断地卖掉，造成股价大幅下挫、下跌的假象，引诱散户和跟风者卖出或是出逃。比如，某只股票正常价格是10元，买卖双方在这个价位博弈时，突然有7 000手以7元成交，导致股价大幅下挫。

主力砸盘有两个直接目的：一是降低成本；二是出逃。如果是后者，我们将其称为真砸盘，否则，就是前者，我们将其称为假砸盘。真砸盘表示主力出逃，也就是打压式出货，主力不会顾及盈利，只为抽身。而假砸盘则有吸筹建仓或是其他目的，它通常具有以下几个特点，虽然手法多样。

- 成交量萎缩：主力在股价处于低位时，如果出现砸盘动作，很大程度上是为了"吃掉"散户手中的筹码，此时，成交量肯定萎缩，因为大买单可能是对敲。

- 持续周期短：股价经过一段大幅度的下跌后，主力通常会进行短期的砸盘（最短1～2天，通常在1周左右），这招行内称为诱空行为。

- 洗盘：虽然当前大环境处于上涨状态，但股价不太好，加之没有利空，此时主力会进行一波砸盘，目的只为洗盘。

- 利空变利好：股价正处于低位时，突然有利空消息出现，此时主力砸盘，只想让股价大跌，为后市拉升做准备。

为了让大家更加熟悉主力砸盘的手法，我把其他几种常见主力（或是庄家）砸盘的方式展示给大家，让大家多掌握一些主力砸盘的手法。

- 台阶式砸盘：主力将股价下砸到一个台阶后，调整一段时间，一旦散户介入，随即又将股价再向下砸一个台阶，直到股价达到底部（出货恰好相反，股价像台阶一样上升），为新一波行情做准备，如下图所示。

- 诱空式砸盘：主力完成或是基本完成出货后，为了让股价再次下跌，为下一步的吸筹做准备，会用已有的筹码砸低股价，引导散户抛盘。

- 利空式砸盘：突然遭遇突发性利空消息，主力被迫砸盘。

- 死叉式砸盘：主力利用散户铭记的理念"金叉上涨、死叉下跌"进行操盘，股价向上拉升到顶部时进行一定幅度的回落操作，然后又进行一波反弹拉升，由于主力执意出货，反弹结束后股价下跌。随后，5日均线向下死叉10日均线后，再次死叉30日均线，10日均线下行。持续不到几天的时间，10日均线向下死叉30日均线，30日均线下行，在图形上出现一个尖头向下的死亡角，死叉后股价比此前跌得更凶，成交量也有明显的放大，此时盘面处于恐慌状态。

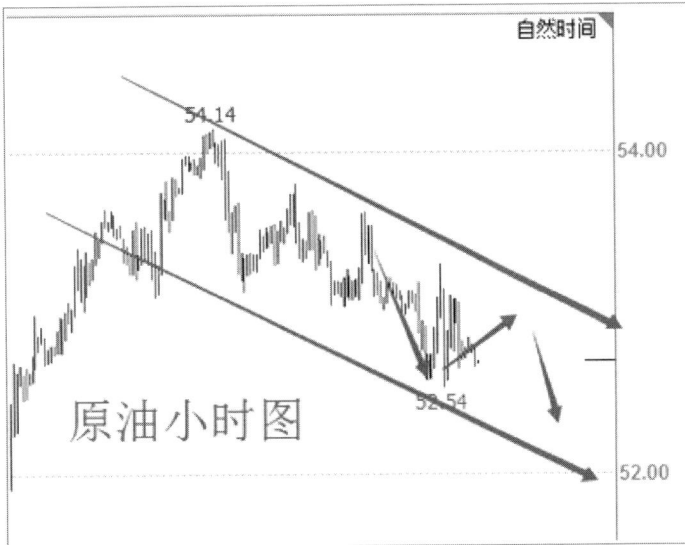

- 瀑布式砸盘：与打压式出货的操作、走势都基本一样，都是主力出逃的典型特征，散户及时止损或是提前预判尽快离场。

## 8.2　资金影响下的股市假期效应

炒股不仅是身体上的累，而且心也很累。既要上知天文下知地理，又要关注世界政治、经济走向，还要关心粮食、蔬菜、钢筋、水泥、稀土等。

不过这些都属于在炒作具体题材时的注意事项，另外，还有一个影响大盘整体炒作节奏的规律——假期效应。

A股市场中有一个很鲜明的特征：每次假期之前都会呈现出很有规律的大盘波动，这个规律性其实并不是玄学，它是有一定资金因素影响，原理是资金回避不确定性。波动因素主要有市场氛围、假期长短、市场预期等，下面对这几个因素进行逐点剖析。

### 1. 市场氛围

这一点很好分辨，我们将市场大致分为三种：牛市、熊市、震荡市。市场本身在短期内会有一个很不理性的特点。通常在牛市氛围下会放大消息的利好程度，比如公司更改名称就会拉升两个涨停板（典型事例），而在熊市中，改名对股价的影响几乎等于零。

真实情况是：市场会同时释放各种利好利空——牛市放大利好，熊市放大利空。所以，在具体操作当中，牛市假期前的一两天，可以增加仓位，会有大量资金期待假期利好，相反，熊市假期前的一两天，应该减少仓位，以防止假期利空。

### 2. 假期长短

比如，10月1日国庆节，前后总共有10天的空窗期，那么这十天的时间，对于资金而言就会有一个巨大的不确定性，因为大资金的投资逻辑是求稳而不是求快，所以，就会有资金在假期前几天卖出持仓做逆回购，而大资金的买入卖出和调仓之类的动作都不是一天半天就能做完的。那么，在周五收盘前我会建议大家把高位股通通卖出以减少仓位。

当然这里面还有另外一个考量，就是不看好节前那几天的行情，预估整体行情一定不会太好，大概率是缩量微调的走势，量能指标一旦缩减，最多炒炒个别低位个股。

结论：假期长，需提前几天收缩资金战线（如果是春节，提前一个月就会有资金抢跑），假期短，需提前几天收缩自己的资金战线（比如周末的黑色星期四效应）。

### 3. 市场预期

市场预期是一个相对晦涩的概念，较为直观的表述是股市中的一句谚语"利空出尽是利好，利好出尽是利空"，它对市场的影响相对来说比较复杂，它涉及调整多与少、涨跌多与少的问题。

　　比如，英国脱欧，这个对世界经济有着悲观影响的消息，股市提前一个月就进入了比较"惨"的境地，原因很简单：大资金回避不确定性。在脱欧投票前的那个周末，股市格外惨烈，这时我们需要考虑一点，整体市场都认为在脱欧消息的笼罩下，假如脱欧失败，就会出现一个巨大的利好反转。假如脱欧成功，那么在所有人都有这个预期的情况下，是不是就会出现利空出尽，股市就会低开高走。这时摆在我们面前的有两种情况，一是脱欧失败，股市大涨；二是脱欧成功，股市低开后仍然会大涨。

　　这样，对应到我们的操作上就会很从容，毕竟股票就是炒作预期，大家只要对它好好掌握并理解，股票的炒作能力会有极大的提高。

## 8.3　股票背后的资金结构

　　资本市场靠资金驱动，股价变化是资本博弈的结果。因此，大家在选股时不仅要做行业研究、企业背景调查，还需要看懂"谁"参与其中，了解各方的力量，再决定自己是入场还是离场，买多或是买少，甚至判定是否具有操作性等。不然就会被牵着鼻子走，全程处于被动，想不被"收割"都难。大家一定要认清一只股票背后的资金结构，让自己有一个清晰的"逻辑模式"或是"提前布局"的意识。

### 8.3.1　机　　构

　　机构投资人是指用自有资金或者从分散的公众手中筹集资金，进行有价证券投资活动的法人机构。目前在我国的机构投资人主要是具有证券自营业务资格的证券自营机构，符合国家有关政策法规的各类投资基金等，通常是指公募和私募基金，它们具有以下特点：

### 1. 投资管理专业化

机构投资人一般具有较为雄厚的资金实力,在投资决策运作、信息搜集分析、上市公司研究、投资理财方式等方面都设立了专门的部门,由证券投资专家进行管理。1997年以来,国内的主要证券经营机构,都先后成立了自己的证券研究所。个人投资者由于资金有限且高度分散,同时,绝大部分都是小户投资者,缺乏足够时间去搜集信息、分析行情、判断走势,也缺少足够的资料数据去分析上市公司的经营情况。因此,从理论上来讲,机构投资人的投资行为相对理性化,投资规模相对较大,投资周期也相对较长。

### 2. 投资结构组合化

股票市场是一个风险较高的市场,机构投资人的入市资金越多,承受的风险越大。为了尽可能降低风险,机构投资人在投资过程中会进行合理投资组合(机构投资人庞大的资金、专业化的管理和多方位的市场研究,也为建立有效的投资组合提供了可能)。而个人投资者由于自身的条件所限,难以进行投资组合,承担的风险也较高。

### 3. 投资行为规范化

机构投资人是一个具有独立法人地位的经济实体,投资行为受到多方面的监管。一方面,为了保证证券交易的"公开、公平、公正"原则,维护社会稳定,保障资金安全,国家和政府制定了一系列的法律、法规来规范和监督机构投资者的投资行为;另一方面,投资机构本身通过自律管理,从各个方面规范自己的投资行为,保护客户利益,维护自己在社会上的信誉。

通常机构投资人买入股票的逻辑是,一只股票的好坏,大概率只看两点:业绩和排名。它们是机构抱团的出发点,以不断提高机构的知名度,获取更多的流量为目的。同时,寄希望于抱团新的品种。一旦新的逻辑被认可,则可以开启新一轮的成长趋势。当然,如果机构与机构之间互不认可"逻辑",它们之间的"竞争"将会非常激烈。

大家一定要记住：无论基金管理人多么优秀，都需要有一份优异的业绩，以展示其逻辑或管理能力。

大家怎样发现"机构抱团"，很明显的点是（识别方法）：某一大型基金持仓的某标的背后有很多相似产品抱团，或是同一基金公司旗下发行的不同产品，持股逻辑和标的相同，只有管理人不同。比如，兴全趋势投资混合与兴全合宜灵活配置混合的两只股票基金高度重合，只是基金管理人不同。其逻辑为买入抱团→业绩优秀→持续获得净申购→继续买入之前相同标的（继续业绩优秀），如右图所示。因此，机构投资者一般都是长线（体量大+逻辑证伪）。

对于较小标的的盘面，一旦有机构投资者进入，一般会发生股价加速拉升的现象，对于较大标的的盘面，则会出现趋势走法。因此，如何区分一只股票是否有机构买入和"假机构"至关重要。

如何识别真机构？只需记住一条：逻辑。这一点可以通过有说服力的研报来识别，下图所示是2020年4月29日的一份研报，然后市场认可，机构抱团、锁仓。技术层面会出现：放量→缩量→加速放量→区间（箱体）→位不破→区间（箱体）→形成趋势。

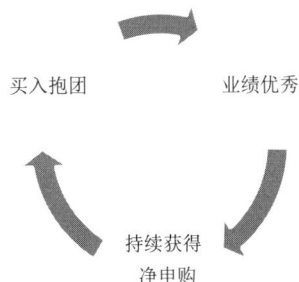

**公司报告｜季报点评**

**天风证券**
TF SECURITIES

**科创新源（300731）**

**证券研究报告**
2020 年 04 月 29 日

**5G 基站产品进入批量交付期，Q2 加速增长拐点或已至**

| 投资评级 | |
| --- | --- |
| 行业 | 化工/橡胶 |
| 6 个月评级 | 买入（维持评级） |
| 当前价格 | 34.02 元 |
| 目标价格 | 元 |

**事件：** 公司公告一季报并对中报进行预测，Q1 实现营收 0.6 亿元，同比下滑 27.57%，归母净利润 883.9 万元，同比下滑 29.48%；预测 2020 上半年归母净利润同比增长 10-30%，其中 Q2 单季度预计同比增长 40-60%。

**盈利预测及投资建议：**公司传统主业产品是通信基站防水密封材料，经过多年发展成为该领域的领先者，并在近年来逐步延伸电力等领域的防水绝缘材料产品，通过延伸新的应用领域，公司传统主业有望保持稳定发展。面向 5G 带来的行业新机遇，公司充分发挥通信设备商的客户资源优势，针对 5G 基站设备的新变化新需求，通过"内生+外延"双轮驱动布局 5G 基站结构件，预计随着三大运营商 5G 基站招标落地陆续进入交付期，公司二季度开始加速增长态势。预测公司 20-21 年净利润为 0.84、1.62 亿元，维持买入评级。

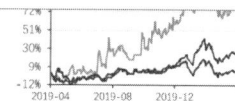

资料来源：贝格数据

**相关报告**

1《科创新源-首次覆盖报告："内生+外

【提示：即使机构有买入逻辑，大家一定还要考量当时的市场情形和大政策等因素，一旦市场不认可，仍然会出现下跌情形。】

所谓"假机构"，不是指这个机构是假的，而是指私募基金。其操作性更加灵活，可以做出今日买入，明天卖出兑现的操作。在龙虎榜中如果在一堆"机构专用"之间出现"营业部"的席位，大家可以追踪该席位在之前是否上过龙虎榜并带有"机构专用"的标识，因为它大概率是私募基金。

## 8.3.2　散　　户

散户，从职业角度而言，我将其定义为投入资金量较小且无组织的个人投资者，或是非机构的股票投资者等。多表现为：信息渠道少，研究能力较弱，常以个人喜好进行操作，过于随意，让股票市场充满高弹性和高流动性。

散户交易行为：喜欢上涨、急速拉升、厌恶任何形式的下跌，喜欢涨停板打板、跌停板翘板，通常都会在学习各种技术理论后就直接进入市场买卖股票，如波浪理论、MACD金叉、均线发散等，没有明确的买入模式定位，习惯性地追涨杀跌。

同时，散户喜欢补仓，甚至是"一补到底"，导致两个结果：一是买入→下跌→补仓→回本→卖出（皆大欢喜）；二是买入→下跌→补仓→继续下跌→继续补仓→深度套牢→"装死"或是退市。

散户亏损原因：一是不懂股票上涨或是下跌的基本逻辑，比如，业绩和固定股息率促成股票增长，而不是概念或是故事。二是仓位不一致，比如很多散户在第一次购买一只股票后使用大量的仓位。第二次再买入时，变得很小心，使用了很小的仓位（发生盈利），第三次为了填补第一次的亏损，又使用了大量的仓位，最后导致本金损失。三是交易模式不固定，比如今天研究打板、明天研究基本面、后天又研究其他，硬生生把自己从短线变成长线，一步一步被套牢。

### 8.3.3　VIP 通道

通过 VIP 通道在券商那里购买股票（通常 VIP 通道以年付费，前提条件是至少有 500 万元本金，当然上海股市与深圳股市的通道各不相同）。由于充值就能成为券商的 VIP，因此，VIP 会员之间也有竞争。它的特点是：很多强势的股票在上涨或是下跌的过程中会出现"一字板"，如右图所示。

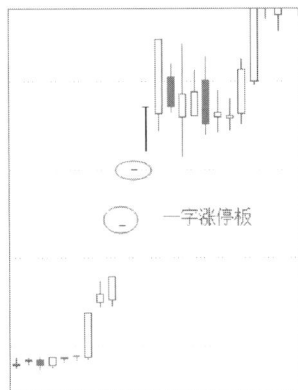

一字涨停板

普通投资者因为没有优势，无法购买到这类股票，如果大家一旦购买到这种股票，赶快逃离，大概率是坑。

### 8.3.4　游　　资

顾名思义就是会游动的资本，它们不是盘踞在某只股票里，而是像打游击一样，四处寻找下手的机会，一旦找到机会，通常拉 1～3 个涨停板就会出货走人。游资的身份：也许是一个人，也可以是一个团队。

游资特征：资金量较大，市场认知度和理解力较强，有很强烈的追涨杀跌意愿，通常只做它们认可的逻辑交易。

大家一定要提前对游资的交易特点、手法或是习惯等进行掌握，才能有力地应对或是跟随（提前布局），不能是被动的被收割。

## 8.4　怪象：主力资金流出股价反而上涨

通常资金流向与股价的涨跌相对应，但有些时候会出现主力资金流出，股价反而在上涨的怪象。如果是老股民，一点儿都不意外，因为这里面除了不同软件的统计主力资金方式不一样之外，主要原因还是主力资金的人为操作。

### 1. 炒股软件的统计方式不同

市面上的炒股软件很多，如同花顺、东方财富网、指南针、操盘手等。它们通常会将单子拆分为大单、中单和小单。一些软件会将大单统计为主力资金，一些软件会将大单和中单统计为主力资金。因此，不同的炒股软件对主力资金的统计方式不一样，会出现主力资金流出，股价却在上涨，主力资金流入，股价却在下跌的情况。

对于这种情况，大家可以多试用几款软件，在对比中寻找一款比较客观和准确的炒股软件，尽量避免这种情况出现。

### 2. 主力资金真出货假拉升

它是主力资金常用的操作手段：用少量的资金拉升股价，吸引更多的散户进场接盘，同时，将大单拆分为小单出货。由于散户买入与主力资金的小单卖出相抵，股价并没有出现下跌，然后，主力资金继续出货，一旦出现较大的跌幅，主力资金随即出手护盘拖住股价，给散户一种错觉——股价有支撑，继续买入。最后，出现主力资金大量出货，股价反而上涨的怪象。

### 3. 主力试盘——仙人指路

主力资金将股价拉升到压力位附近时，通常会试探上方的抛压情况，典型的手法是：用少量资金快速拉升突破压力位，如果散户跟进力度较大，主力资金马上会将部分筹码抛出，通过抛压观察浮筹的情况，导致出现主力资金流出，股价上涨的怪象。

识破方法：当天会收出一根带长上影的阳线，有人把这种形态称为"仙人指路"，示意图如下。

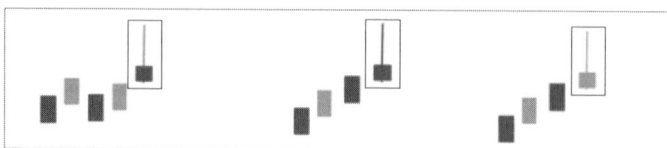

#### 4. 多头资金大于空头资金

无论因素怎样变化，都离不开股价走势的根本元素：资金推动决定股价的涨跌，离开资金操作的股价不会有任何波动。因此，主力分身为：多头（看涨）和空头（看跌）。由于资金监控软件会实时反映资金流向，主力会想办法避开，从资金量大小上做文章——将买入资金单子拆分为小单，比如将1 000单子拆分为5手200小单，成功躲过资金监控软件的监控，营造出主力资金（空头）在流出，股价反而在上涨的怪象。

【提示：资金监控软件里面会把500手以上的单子归为主力资金，也就是大单交易；300手～500手归为中单交易，300手以下归为小单交易。】

## 8.5　盘口语言背后的"明语"

盘口语言是个股主力在盘面表现出的每分每秒的形态。它包括白、黄两条线，买1～5、卖1～5的挂单，挂单下显示的参数，如下图所示。

| 委比 | | -8.25% | | -18 |
|---|---|---|---|---|
| 卖盘 | 5 | 26.30 | 40 | +4 |
| | 4 | 26.29 | 4 | |
| | 3 | 26.28 | 57 | |
| | 2 | 26.27 | 7 | +1 |
| | 1 | 26.26 | 10 | -93 |
| 买盘 | 1 | 26.00 | 77 | |
| | 2 | 25.99 | 2 | |
| | 3 | 25.98 | 15 | |
| | 4 | 25.90 | 4 | |
| | 5 | 25.88 | 2 | |
| 最新 | | 26.00 开盘 | | 13.95 |
| 涨跌 | | +24.45 最高 | | 26.25 |
| 涨幅 | | +1577.42% 最低 | | 24.00 |
| 振幅 | | 145.16% 均价 | | 22.78 |
| 现手 | | 175 量比 | | — |
| 总手 | | 233,246 换手 | | 62.09% |
| 金额 | | 53,141 市盈 | | 399.3 |
| 涨停 | | — 跌停 | | |
| 外盘 | | 86415 内盘 | | 146831 |
| 盘后量 | | — 盘后额 | | |

由于它是每个人都能看到的信息，因此经常被称为"盘口明语"，但就是这些简单的数字和形态包含了很多非常有用的信息，主要包括以下五点：

- 委托比，它是衡量某一时段买卖盘相对强度的指标，计算公式为：（委买手数－委卖手数）÷委买手数＋委卖手数×100％，委比值的变化范围为－100％～＋100％。其中，委买手数是指现在所有个股委托买入下三档的总数量。委卖手数是指现在所有个股委托卖出上三档的总数量。

- 五档买卖挂单。

- 开盘价、收盘价、涨跌幅、最低最高价、量比、内外盘、总成交量。

- 换手率、总股本、流通股本、净资产、收益、动态市盈率。

- 买卖成交单。

盘口语言不是简单的买卖盘观察，而是价量配合，分时主攻盘量能，下跌时的量能变化状况等种种变化的综合。因此，盘口语言的核心要务是：观察委买盘和委卖盘。对于投资者而言，如果能准确地解读盘口信息，一般就能通过盘中的个股走势分析多空双方的走势发展，从而可以比较准确地把握市场的节奏，为在股市上的操作赢得更多的筹码。如果大家单看盘口信息（大资金时常利用盘口挂单技巧），可能会被庄家引诱做出错误的买卖决定。因此，大家要通过盘口信息看到背后庄家的操作，从而获得理想收益。

### 1. 收盘前股价瞬间拉高

在全日收盘前半分钟突然出现一笔大买单，把股价瞬间拉升至较高位，如下图所示，可以判定主力是在试盘，同时，可以看出主力的资金实力有限，只能在盘尾使股价收盘在较高位或突破具有强阻力的关键价位，形成尾市突然异常的状况。判断的逻辑很简单，比如某股股价20元，主力让其收盘价在20.8元，如果在上午直接将股价拉升到20.8元并将其稳住，肯定就会有投资者出售，这时主力就需要将20.8元以下的股票全部买入，必然需要大量的资金。而尾市突袭则可以趁大多数投资者还没反应过来，迅速达到拉升股价的目的。

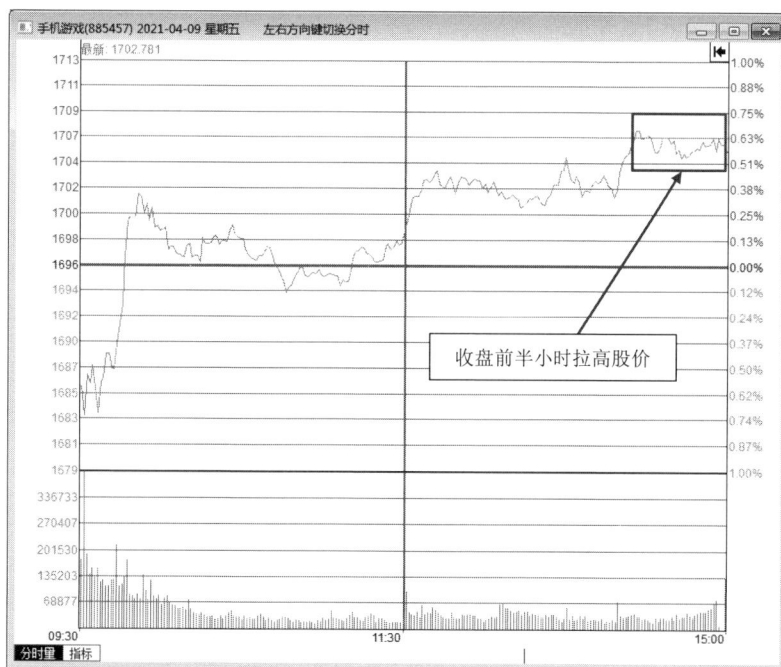

手机游戏(885457) 2021-04-09 星期五　　左右方向键切换分时

收盘前半小时拉高股价

## 2. 收盘前股价瞬间压低

在全日收盘前半分钟突然出现一笔大买单，把股价瞬间压低，同样可以判定主力在操盘。其目的主要有三个：震仓（使日K线形成光脚大阴线、十字星或阴线等预示行情变坏的图形，使持股者恐惧出逃）、吸引投资者注意（此时跻身升幅排行榜）和低价倒卖给自己。

## 3. 开盘后股价瞬间高开

开盘后股价涨停或是大幅度跳空高开又瞬间回落，如下图所示，是典型的庄家震仓操作，其目的主要有三个：一是突破关键价位，但又不想由于股价涨幅过大，引起大量散户跟风获利；二是单纯试盘，感受上方抛盘的重量；三是吸筹。

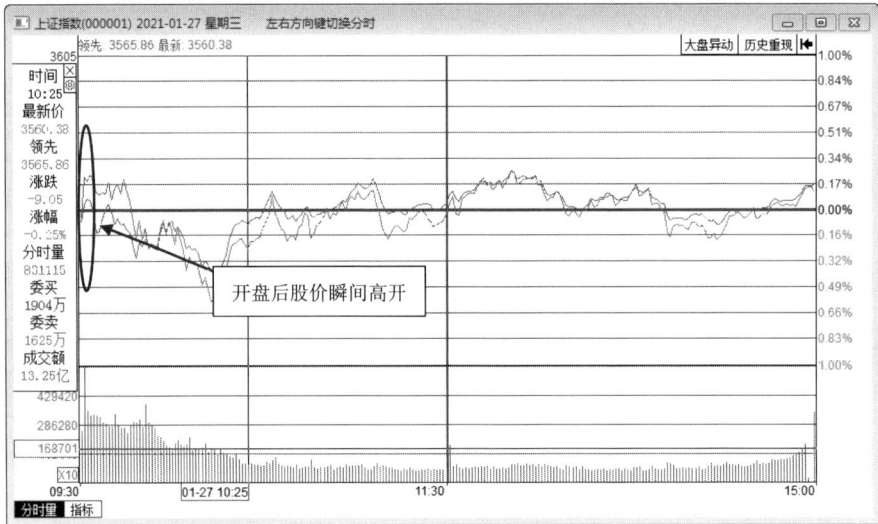

### 4. 开盘后股价瞬间低开

开盘时股价跌停或者大幅度跳空低开,接着又瞬间回升,如下图所示,可推断为主力打算出货或是收出大阳等预示行情变好的K线图形。

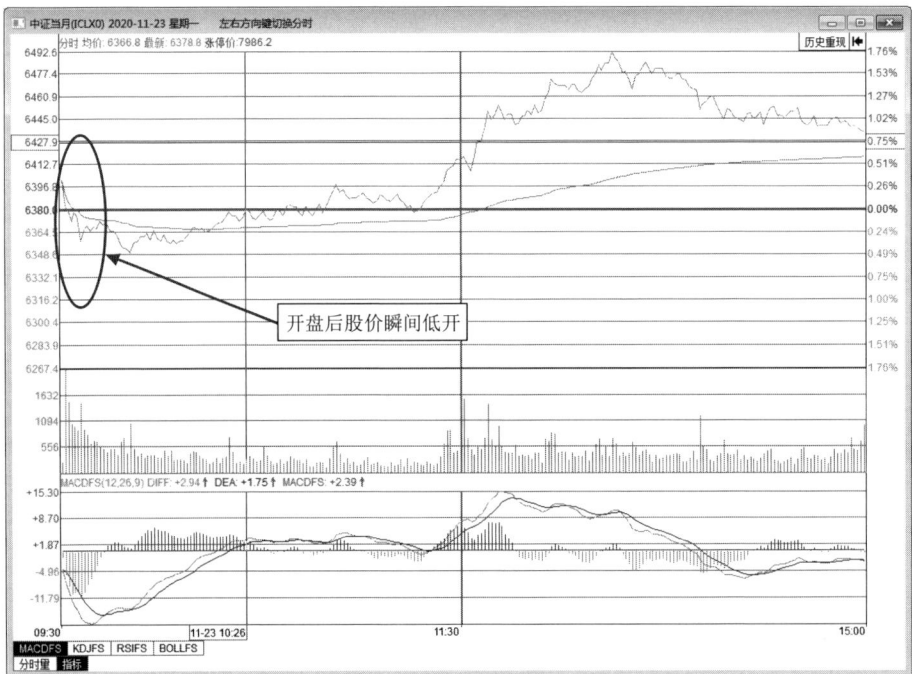

### 5. 盘中时股价瞬间拉高、压低

盘中股价拉高是指盘中股价涨停或者大幅度拉高, 然后又瞬间回落; 盘中股价压低是指盘中股价涨停或者大幅度压低, 然后又瞬间拉高。两种操作都可以明显感受到有庄家在操盘, 目的主要有三个: 感受上方抛盘和下方接盘的力度(试盘)、震仓和股票低价转卖给自己或是利益相关人。

### 6. 笔均量

笔均量是指某只股票当日的总成交量与当日的总成交笔数的比例, 也被称作每笔成交量。每笔成交量的大小, 显示出某股的交投活跃程度和大资金进出的力度大小。换手率仅反映交投活跃情况, 笔均量还可有效反映大资金的买卖增减。某只股票有时在同一股价区间换手率相同, 但笔均量却发生明显的变化, 则大多意味主力行为已经发生变化。从这个意义上来说, 笔均量具有慧眼识庄/主力的特别功能, 它比其他盘口信息更直观、更令人信服。

- 当价格呈现底部状态时, 若每笔成交出现大幅跳升, 则表明该股有大资金关注, 若每笔成交连续数日在一较高水平波动而股价并未出现较明显的上升, 更说明大资金正在默默吸纳该股。在这段时间里, 成交量未必会出现大幅增加的现象。当我们发现在价位底部的每笔成交、价格及成交量出现明显背驰的个股时, 应予以特别关注。一般而言, 当单/每笔成交量远超平均水平的每笔成交量时, 我们可以认为该股已有主力、庄家入驻。

- 机构主力、庄家入驻某股后, 不获利则不会出局。入驻后, 无论股价是继续横盘还是呈慢牛式爬升, 其间该股的每笔成交较庄家吸纳时是有所减少或是持平, 也无论成交量是有所增加还是萎缩, 只要股价未见大幅放量拉升, 都表明主力、庄家仍在盘中。特别是在淡静市中, 主力、庄家为引起散户的注意, 往往会用对敲来制造一定的成交假象, 有时甚至不惜用对敲来打压震仓, 若是如此, 每笔成交应维持在相对较高的水平。此时用其来判断主力、庄家是否还在场内, 十分灵验。

- 若股价放量且大阳拉升, 但每笔成交并未创出新高时, 应特别提高警惕,因为这时主力、庄家可能要派发离场。而当股价及成交量创下新高但每笔成交出现明显萎缩时，也就是出现价量背驰时，跟庄者切记不可恋战，要坚决清仓离场，哪怕股价再升一程。

# 8.6 盘口语言背后的"暗语"

对敲是一种比较复杂但常见的盘口语言，由于它是主力、庄家常用的操盘手法，且需要大家分析"识别"，因此，被戏说为"盘口暗语"，其官方定义相对复杂，为了帮助大家更好地理解，可以简单将其理解为：相对委托或合谋等行为人意图影响证券市场的行情，双方分别扮演卖方和买方角色，各自按照约定的交易券种、价格、数量，向相同或不同的证券经纪商发出交易委托指令并达成交易的行为，即一方做出交易委托，另一方做出相反的交易委托，依事先通谋的内容达成交易。其目的是制造无中生有的成交量及利用成交量制造有利于庄家的股票价位，然后在合适的时机卖出，另外，吸引散户跟进。下图所示为主力/庄家在高位对敲出货。

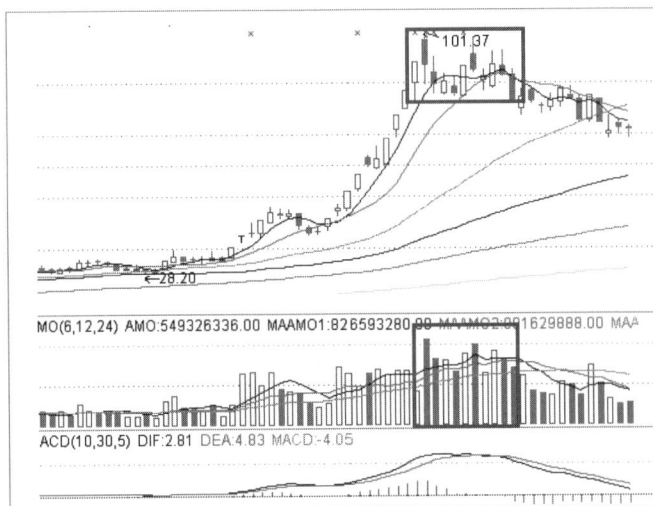

比如建仓时对敲、震仓时对敲、拉高时对敲、出货时对敲及做反弹行情仍然运用对敲。下面分别为大家介绍其特征、过程、操作方法和识破方法。

## 8.6.1 特 征

五分钟K线图上连续收出一连串的小阳线,阳线实体相近,没有出现大起大落的现象,且几乎没有回档,有明显的控制痕迹,这往往是主力对敲推高股价。但这种连续叠阳的走势不会无休止地延续下去,最后往往以跳水而告终。

短期成交量成倍放大而股价涨幅有限,通常为主力对敲所致。

从每笔成交上可以看到:单笔成交手数较大,经常为整数,例如100手、500手,买盘和卖盘的手数都较接近。出现这样的情况,通常买卖方都是同一人,亦是对敲行为。一旦出现对敲式推高,说明股价已进入最后的冲击阶段,此时如果能眼明手快、快进快出,投资者应该会有所斩获。

从时段成交量上可以看到:前期放量拉高以后将长期进入缩量盘整态势,某日主力、庄家突然呈现放量破位下行,此时应警觉主力、庄家派发进入尾声。

## 8.6.2 过 程

- 【第一步: 建仓】:通过对敲的操作打压股价,以便在低价位买到更多且更便宜的筹码。个股在低位横盘构成平台时,主力借机打压破位,后又迅速返回到平台之上,这就是主力在打压吸货。在个股处于低位时,如果以小阴小阳沿10日均线持续上扬,说明有主力在开始建仓;若出现成交量放大且股价连续下跌,则有可能是主力利用大手笔对敲来打压股价。从盘口可以看出,股价下跌时的每笔成交量明显大于上涨或者横盘时的每笔成交量,这时的每笔成交会维持在相对较高的水平(因为在进行对敲时散户还没有大量跟进,主要是主力自己对敲成交很多)。另外,在低位时主力更多运用夹板手法,即上下都有大的买卖单,中间相差几分钱,同时不断有小买单吃货。其目的是让散户觉得该股抛压沉重、上涨乏力而抛出手中股票,主力不断接货。

- **【第二步：拉升】**：利用对敲的手法来大幅度推高股价。主力利用较大的手笔大量对敲，制造该股票被市场看好的假象，提升市场的期望值，减少以后该股票在高位盘整时的抛盘压力（散户与主力抢着出货）。这时股价上涨很快，散户不容易买到，往往需要高填几个价位才能买到，每笔成交量明显放大。股价上涨很轻松，随着买盘不断跟进，这时每笔成交会有所减少，因为散户跟风买入很多，虽然会出现价涨量增，但每笔成交会有所减少。

- **【第三步：震仓洗盘】**：因为跟风盘获利比较丰厚，主力、庄家一般会采用大幅度对敲震仓的手法使一些不够坚定的投资者出局。从盘口来看，在盘中震荡时，高点和低点的成交量明显放大，这是主力、庄家为了控制股价涨跌幅度，而用相当大的对敲手笔控制股票价格走势所造成。

- **【第四步：对敲拉高】**：当经过高位对敲震仓之后，市场都非常看好该股的后市时，股价再次放量上攻。这时主力开始出货，盘面上经常出现卖二、卖三上成交了较大的手笔，而我们并没有看到卖二、卖三上有非常大的卖单的情况。成交之后，原来买一或是买二甚至是买三上的买单已经不见了，或者减少了。这往往是主力利用时间差，先把大单往下卖，然后以小单往上买，做成大笔向上买的假象，诱骗经验不足的散户，其实主力已将货抛给了散户。

- **【第五步：折叠反弹对敲】**：主力出货后，由于没有资金护盘，股价下跌，大部分中小散户已经被套牢，成交量明显萎缩。主力找机会用较大的手笔连续对敲拉抬股价，较大的买卖盘总是突然出现又突然消失。因为此时主力对敲拉抬的目的只是适当地拉高股价，以便能够把手中最后的筹码也卖出好价钱。一旦派发完毕，股价将不断下跌，直到另一个循环低点，主力又开始对敲建仓。

## 8.6.3　常见操作手法

- 【手法一：打压股价建仓】：以压制股票价格为目的，在建仓时积极对敲，主力为了能够在低价位搜集到更多的筹码，往往通过对敲的手法来压制股票价格，如下图所示。在个股的K线图上表现为股票处于较低价位时，股价往往以小阴小阳的形态持续上扬，说明有较大的买家在积极吸纳。之后出现成交量较大且较长的阴线回调，而阴线往往是由于主力、庄家大手笔对敲打压股价形成。从较长的时间上来观察，会发现这一期间股票价格基本处于低位横向盘整，但是成交量却在悄悄放大。这时盘面表现的特点是股票下跌时，单笔成交量明显大于上涨或者横盘时的单笔成交量。如果能够在这时识别出主力、庄家的对敲建仓，投资者就可以踏踏实实买一个地板价。

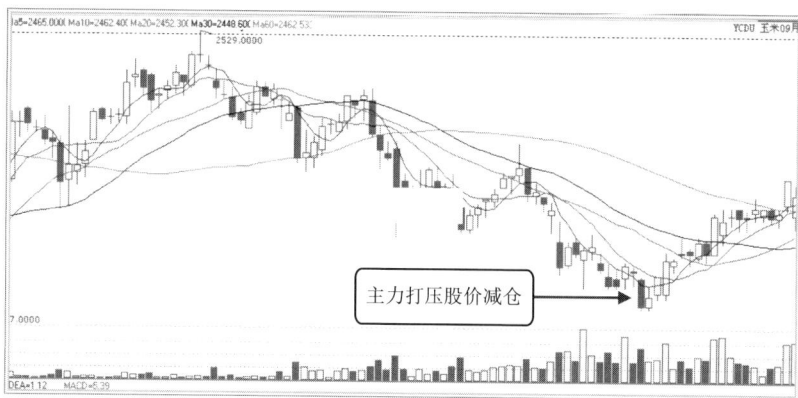

- 【手法二：大幅度拉升股价】：是主力在基本完成建仓后的常用手法。在主力基本完成建仓过程后，股票价格往往会以很快的速度上扬，以巨量长阳甚至是以跳空缺口来突破层层阻力，以较大的手笔大量对敲，如下图所示，制造该股票被市场看好、大买家纷纷抢盘的假象，提升其他持股者的期望值，降低日后该股票在高位盘整时的抛盘压力，使筹码锁定更牢，股价能够比较轻松地拉抬起来。在这一时期，一般散户投资者往往有追不上股价的感觉，往往是看准了价格下了买单，股价却飘起来了，似乎不高报许多价位就几乎不能成交。这时盘面特点表现为小手笔的买单往往不易成交,单笔成交量明显放大且比较有节奏。

- **【手法三:放大高点和低点】**:当股票价格被拉抬到较高的位置后,外围跟风盘的获利已经比较丰厚。主力随时有可能在继续拉抬过程中兑现出局。为了降低进一步拉抬股价的压力,主力采用大幅度对敲震仓的手法,使一些不够坚定的投资者出局。这一期间的盘面特点是,在盘中震荡时,高点和低点的成交量明显放大。这是主力为了控制股价涨跌幅度而用相当大的对敲手笔来控制股票价格造成的现象,如下图所示。

- **【手法四:对倒拉高】**:经过高位对敲震仓后,某只股票的利好消息会及

时且以多种多样的方式传播，股评分析也都长线看好。股价再次以巨量上攻，其实这是主力开始出货的时间，盘面上出现在卖二甚至是卖三上成交了较大手笔，原来买一或者是买二甚至是买三上的买单已经不见了，或者减少了的情况。这往往是主力运用比较微妙的时间差报单法，对一些经验不足的投资者布下的陷阱，也就是我们常听说的"吃上家喂下家"，"吃"的往往是主力事先挂好的卖单，而"喂"的往往是跟风的买家。如下图所示的丰乐种业。

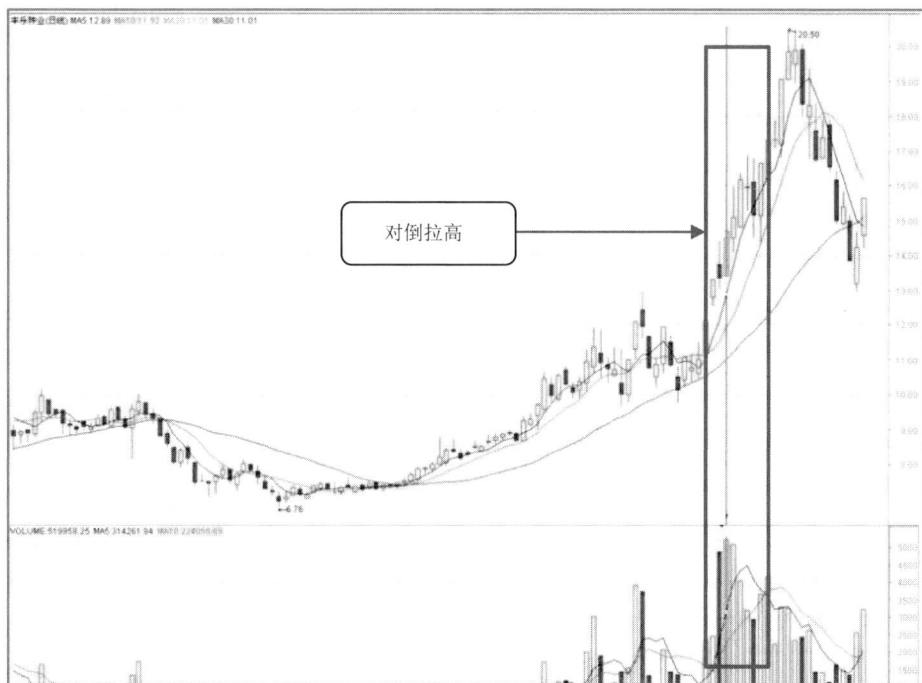

- **【手法五：再次对敲】**：经过一段时间的出货后，股票的价格有了一定的下跌幅度，许多跟风买进的中小散户已经被纷纷套牢，抛盘开始减轻，成交量明显萎缩。这时主力往往会不失时机地找机会，以较大的手笔连续对敲拉抬股价，但是这时的主力已经不会再像以前那样卖力，较大的买卖盘总是突然出现又突然消失，因为主力此时对敲拉抬的目的只是适当地拉高股价，以便能够把手中最后的筹码也卖出好价钱。对投资者而言，观察对敲盘需要耐心地长时间连续观察，结合大盘情况和个股的价位及消息面等情况综合分析。一旦学会观察并准确把握对敲盘，就好像是掌握了主力、庄家的脉搏一样，获利就变成一件比较容易的事，如下图所示。

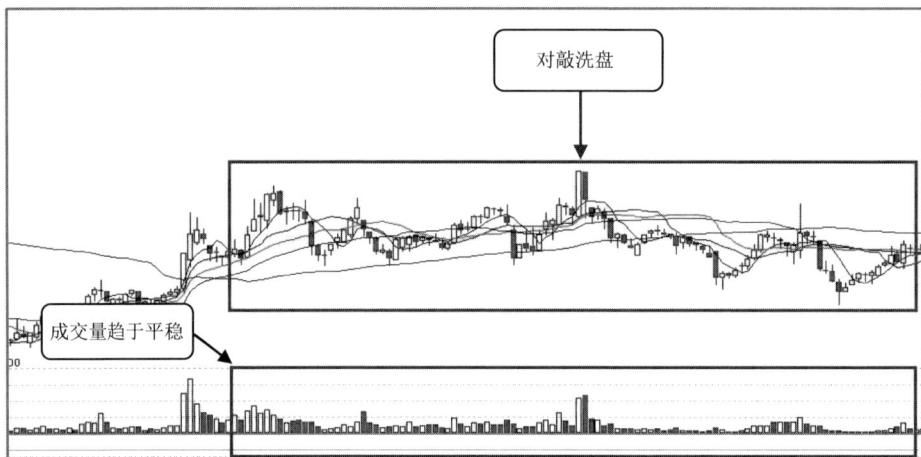

## 8.6.4 识破方法

许多投资者常常以孤立的、静止的姿态看待成交量，即只注重当日的成交量与价位，加上对敲与普通的大手成交具有相同的形式，隐蔽性高，难以辨别，因此，会给投资者造成不小的麻烦。研判主力对敲主要从成交量的放大情况及价量配合的情况入手，因为主力对敲的最直接表现是成交量的增加，但是由于掺杂了人为操纵的因素在里面，这种放量会很不自然，前后缺乏连贯性。同时，在价量配合上也容易脱节。在实操中，我们可以留意，从以下几个方面分析，将主力、庄家的对敲操作识破。

（1）从每笔成交量上来看，单笔成交数较大且常为整数，比如100手、500手，买盘和卖盘的手数较接近，出现这样的情况，通常买卖双方都是同一人，即是对敲行为。

（2）在邻近的买卖价位上并没有大笔的挂单，但盘中突然出现大笔成交，此时可以判定为主力、庄家在做对敲盘。

（3）股价无故大幅波动，但随即又恢复正常，比如股价被一笔大买单推高几毛钱，但马上又被打回原形，K线图上留下较长的长影线，这种情况多为主力对敲。

（4）股价突破放量上攻，其间几乎没有回档，股价一路攀升，拉出一条斜线。明显存在人为控制的痕迹，往往为主力对敲推高股价，伺机出货。

（5）实时盘中成交量一直不活跃，突然出现大手笔成交，这种成交可能只有一笔或连续的几笔，但随后成交量又回到原先不活跃的状态，这种突破性的孤零零的大手成交量是主力的对敲行为。

（6）当卖一、卖二、卖三挂单较小，随后有大笔的买单将它们全部扫清，但买单的量过大，有杀鸡用牛刀之感，且股价未出现较大的升幅。这种上涨状态的大手成交是主力对敲。

（7）当股价出现急跌，大笔成交连续出现有排山倒海之势，往往是主力为洗盘故意制造恐怖气氛的对敲。

（8）股票刚启动上攻行情不久，涨幅不大，当天突破且以大笔的成交量放量低开，跌幅较大，此为主力对敲洗盘行为。

（9）整日盘中呈弱势震荡走势，买卖盘各级挂单都较小，尾盘时突破连续大手成交拉升，这是主力在控制收市价格，为明天做盘的典型对敲行为。

（10）上一交易日成交并不活跃的股票，当天突破以大笔的成交放量高开，这是主力为了控制开盘价格的对敲行为。

## 8.7　想在股市赚钱，最重要的三个能力是什么

作为普通人（尚未入门或者是刚进入投资门槛的普通人）如何在现有的资本市场框架下以钱赚钱？除了专业技能和思维、眼界外，根据在A股市场多年的摸爬滚打，建议要进入股市捞金的投资者养成或是具备以下三个最重要的能力。

### 1. 基本知识储备

无论参与资本市场的哪个品种，对于普通人来讲，基本的知识储备和对交易品种的认知是前提，既然是资本市场，各式各样的投资品种，肯定会有买卖双方。无论哪个行业，有一个大规律就是内行赚外行的钱，先行者赚后来者的钱。

### 2. 养成够独立思考的判断能力

绝大多数人，如果对某个判断或者某个抉择有疑义和犹豫，往往会选择多数人的选择，他们理由很简单——反正这么多人都这么选，即使选错了也有很多人陪着我，得到心理安慰。殊不知，这种盲目从众的心理正是资本市场上的大忌讳，因为绝大多数交易品种都类似于一个博弈市场，而博弈市场下每个人盈利与否、盈利人群的比例和存在的基本规律都是符合正态分布，即绝大多数人的选择，恰恰是不正确的。大资金往往会利用这种盲目跟从的心理特性，这时独立的思考与判断能力非常宝贵。

### 3. 强大的心理自控力

我对运气的说法不是特别认同。我认为运气可以决定短期内的选择结果是否乐观，但要长期在股票市场获取财富则非常困难，亏损或是巨亏的概率非常大。

而在大家的投资生涯中，强大的自控力能让你在资本市场泡沫浮动时，不至于迷失方向，不至于热血上头孤注一掷，就像期货市场一样，你可以赚很多个百分之百，账户市值可以翻很多倍，但只要输一次，就会百分之百破产，原因就在于此，没有一个强大的自控力，就会逐渐迷失在这个数字游戏当中。

# 第 9 章

# 主题投资

主题投资，是指通过分析实体经济中结构性、周期性及制度性变动的趋势，挖掘出对经济变迁具有大范围影响的潜在因素，对受益的行业和公司进行投资的一种投资方式。其特点在于它并不按照一般的行业划分方法来选择股票，而是将驱动经济体长期发展趋势的某个因素作为"主题"，进而选择地域、行业、板块或个股。其通常有五个过程：萌芽、预热、扩散、狂热和终结。

在深入了解主题投资之前，大家要先明白价值投资与主题投资是两种不同的投资策略，主要区别如下：

(1) 投资时间长短不一

价值投资比较注重企业的内在价值，投资者追求长期收益，所花费的时间一般比较长；而主题投资受市场热点影响较大，随着热点的冷淡而回归，具有周期性。

(2) 参与主体不同

价值投资注重企业的内在价值，其风险性较小，收益性相对可观，比较适合社保、QFII等大型机构，以及稳健的投资者；而主题投资受热点的影响，变化多端，其风险性较高，收益性也较高，短期投资者及游资会比较喜欢。

(3) 投资对象不同

价值投资一般会选择蓝筹股及白马股，短期内上涨较为缓慢；而主题投资的个股随市场的热点而变动，短期内上涨幅度比较大，下跌幅度也比较大。

# 9.1　每一个人都要知道的主题投资策略

主题投资，大家可以将其简单理解为：通过找到对上市公司的经营发展有重大影响的事件，在其寻找投资机会。加之它对货币流动性的限制也没有价值投资的要求那么高，因此，只要了解一定的知识，大家就能比较容易地将其抓住，作为一种投资策略。

【补充：主题投资在投资策略中的位置介于大势研判和个股挖掘之间，它与行业配置共同构成中观层面的投资策略。相比行业配置，主题投资以定性的逻辑推理为主，但定量跟踪较难。】

### 1. 主题投资的特征

主题投资具备四个明显的特征：一是属于中期投资，通常在一年以内；二是有重要的时间节点；三是它有预期性/前瞻性，一旦兑现投资，机会随即消失；四是影响力较大，有3~4家龙头公司，而且想象空间较大，能突破传统的行业配置，既可以跨市场，也可以跨行业，大家完全可以进行灵活配置。

【补充：龙头股是指该主题板块涨幅最大的股票，而不是企业的知名度或规模；怎样证明主题的想象空间足够大？一是研究机构是否乐观预计市场空间，二是未来市场空间短期内是否无法证实也无法证伪。】

### 2. 主题投资的分类

- 整体大局：如经济走势、人民币汇率调整、降准降息、大宗原材料价格上涨/下跌、城镇化。

- 制度变革：如医疗改革、棚改等。

- 事件驱动：如迪士尼、世博会、奥运会等。

- 产业升级：如网络安全、生物识别等。

### 3. 如何找到主题事件

抓住主题事件的方法有很多，我用最容易理解的方式归为四类：

一是国家政策，也就是出台了哪些政策，未来经济的宏观走向（大局观）。

二是关注国家重点扶持或是开发的区域，如大亚湾、珠三角等政策支持。

三是社会领域中的大事件，如奥运会、世博会、迪士尼、世界杯、医疗改革、租房改革等。

四是产业升级，如生物识别技术、医疗产业的技术等。

### 4. 如何把握主题投资时间

主题投资的时间把握有以下两个关键点：

一是预期炒作，投资机会在事件发生前，因为事件兑现时投资机会随即消失。

二是预期不能太早也不能太晚，要关注重要时间节点。

### 5. 主题投资的注意点

一是主题投资是借助炒作提前布局，等股价被炒到高位或是理想价格后，实现高抛低吸从而获取价差收益，因此，主题事件投资不适合做短线。

二是由于主题事件投资属于中长期趋势投资，以获得最大收益。因此，一定要保持好心态，忽视短期内的股价涨跌波动，要在关键时间点清盘，不要因小失大。

三是主题事件的标的股票绝大多数是通过炒作拉升股价，不仅股价远远偏离其实际价值，而且涨得快跌得也快。因此，建议做中线投资，不做长期投资，主题一旦兑现获利就必须终结，拒绝被转换为价值投资。

# 9.2　稳健的主题投资方式

根据主题投资的特点大家可以知道，它将驱动经济体长期发展趋势的某个因素作为"主题"来选择地域、行业、板块或个股。因此，它具有很大的"运气"成分，不可控因素太多。但不影响它作为新型的投资策略。

不少投资者或是不成熟的投资者，不仅耐不住寂寞，也经不住诱惑，稍有一些公众号、专栏发一些文章或是帖子，甚至一些小道消息，就能做出一些不适合他们的投资决策，其中较为典型的就是炒热点、追涨杀跌等，最终亏得一塌糊涂。究其原因，还是投资者自己没有找到一条适合自己的主题投资方式，特别是稳健的主题投资方式，毕竟个人投资者无法与投资机构的投资相比，不能冒太大的投资风险，更没有大资本的加持。

要记住：作为投资人，要通过一系列的投资措施或是方法，将风险降到最低，做到稳健的主题投资。

### 1. 看相关新闻或是资讯

无论是做价值投资还是主题投资，都必须实时关注国内外的新闻，充分了解国家政策的变动和行业大环境的变化。不仅可以找到新的主题投资政策和事件，还能在主题投资过程中及时看准"风向"，及时止损或是止盈。

### 2. 是否具有可操作性

投资者必须综合衡量该主题投资是否具有可操作性，也就是自己能否"拿得住、吃得下"，比如风险是否能承受、对应的收益是否满意、兑换时间周期长短是否能接受等。

### 3. 找准直接或是间接受益者

一旦有政策或是事件发生，就会有直接或是间接的行业、企业收益。因此，投资者必须找准目标标的，否则就是找错了"对象"。

### 4. 主题分散与仓位配置

有中意的投资企业后，一定要对企业进行调查，不能有潜在问题，防止后期"爆雷"。因此，为了降低风险，在投入时，一定要做到"主题分散"，也就是分散买入多个主题投资机会，然后将每个主题分配成多个仓位，只要其中大部分主题能成功，即可实现整体盈利。如果只是确定了某一个主题，则该主题仓位可以提到3~5成，在仓位提高的同时，应分散买入该主题下的多只受益股，原因很简单：提高"中签"龙头股概率，同时避免重仓股爆雷损失惨重。

### 5. 设置止盈与止损线或点

一旦股价达到预期或是达到预期的时间窗口，一定要减仓止盈，不能恋战或是贪婪，避免出现盈利转亏损，这也是实战中很多高手常见的操作。

投资中有很多不可预测的因素，风险无时无刻不在，一旦出现各种不利因素或是事件，将会导致大量亏损甚至是血本无归，因此，一定要设立止损线/点，当断则断。

### 6. 尽可能远离庄家

股票中庄家往往会收割散户，因此，一旦发现有庄家操盘，尽量远离（识破庄家在盘口语言中已经讲过，这里不再赘述）。

【补充：投资中如何做一个稳健投资者，可在职业投资者如何进行行业调查的过程中获得答案——是否是成长性行业、是否优质、是否有优秀管理团队、是否有核心壁垒等，当然投资者自己也要有企业家思维和耐心等。】

### 7. 明显区分主题投资与概念投资

新手投资者一定要区分概念投资与事件投资，不要傻傻分不清，一旦出错，不能误以为自己是投资失败，准确的是投资失手，显得特别外行。两者同样是受事件驱动，怎样区分？可以从时间长度和影响力度上直接区分。

- 时间长度：通常情况下，概念事件持续的时间较短，长则一两个月，短则可能只有一天、两天，而主题事件持续的时间通常为几个月甚至几年。

- 影响力度：概念事件的影响力度通常在一家或是几家公司，影响力度小。

    而主题事件则会影响到一个或是多个行业，影响力度大。

【补充：热点趋势投资也是投资中的常见操作，通常投资者需要具备四种基本素质，一是能敏感判定市场上哪些版块、个股已经形成热点或形成股价上涨的趋势；二是拒绝情绪化的追涨杀跌；三是一定要提前设定止损止盈点位和计划；四是做好仓位管理。】

# 第 10 章

# 分享股海浮沉的几招干货

除了前面为大家讲解的如何通过对不同行业和社会发展的分析，发现即将发生的投资机会并将其牢牢抓住外，在本章中，我想为大家分享几个自己在股海浮沉中总结的干货技巧，帮助大家在股市中看清方向、抓住机会。

# 10.1 缩量上涨不用怕

"量价齐升"一直以来是大家判断市场是否能持续向上的重点参考细节之一，无论是金融带动的指数行情还是题材带动的小票行情，都是如此。只要市场成交量发生突然变化，特别是缩量上涨时，大家都会看到满世界都在讲：市场加速中，谨慎开仓等，但股票市场的特点——没有什么东西是一成不变的，如下图所示，很形象地展示出了有些缩量上涨不用太担心的现实。

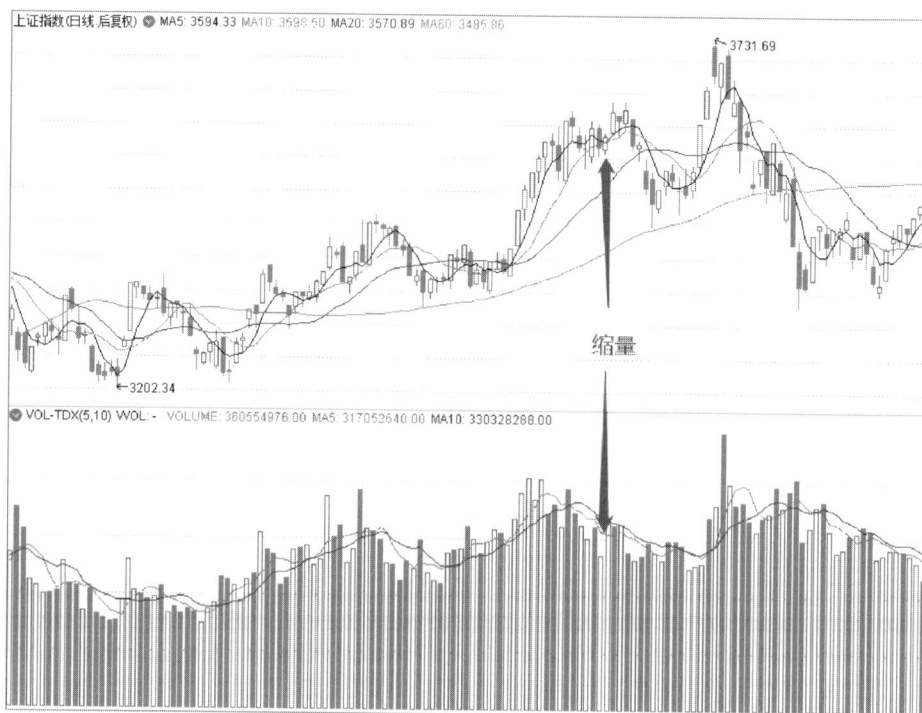

从图中可以很直观地看出，上证指数小阳线，创业板指数大阳线，而成交量却创出近期的地量，两市总体成交量不足万亿，我可以明确与大家分享的观点是：这次缩量上涨是非常健康的情况，这里最主要的判断核心点有两个：一是一日内完成了市场风险的释放；二是"深V"。具体分析如下：

【补充：地量，顾名思义，处于地面的成交量，表示成交量处于极低的状态。通常情况下，当成交量在一个周期时间内比上一个或者上几个周期中的成交量低，表示股票的成交情况处于较少且低迷的状态，底部成交量处于股票相对顶部成交量的20%以内，就属于成交量的地量状态；与地量相对应的是"天量"，是指成交量巨大。】

### 1. 一日内完成市场风险的释放

在市场午盘有一波日内相对幅度较大的调整，相当于把日内盘面上涨的风险释放掉，而在下午尾盘的上涨阶段，成交量择时温和放量。像这种日内完成上涨、调整，再小幅度上涨的过程就是一种相对健康的日内走势。因为我们知道，尾盘小幅度放量上涨阶段，是典型的资金流入走势。有朋友会问，这部分资金进来的目的是什么？很简单，当然是为了后面的行情。

### 2. "深V"

下图所示是2021年1月20日的K线指数，在开盘9:30—10:40时市场出现了一波拉升，这种没有成交量的放大情况（相对前一个交易日环比成交量），实际上是一种给市场积累风险的走势，大家都清楚风险是涨出来的。

实际上，在看盘的过程中，很少有人会关注连续几个交易日同时间段的成交量，所以，很多人会在开盘看到指数上涨的过程中产生一种强烈的踏空感，忍不住进场，结果就是日内被套。这一点我们可以通过连续两日K线就能够轻松地判断出来。

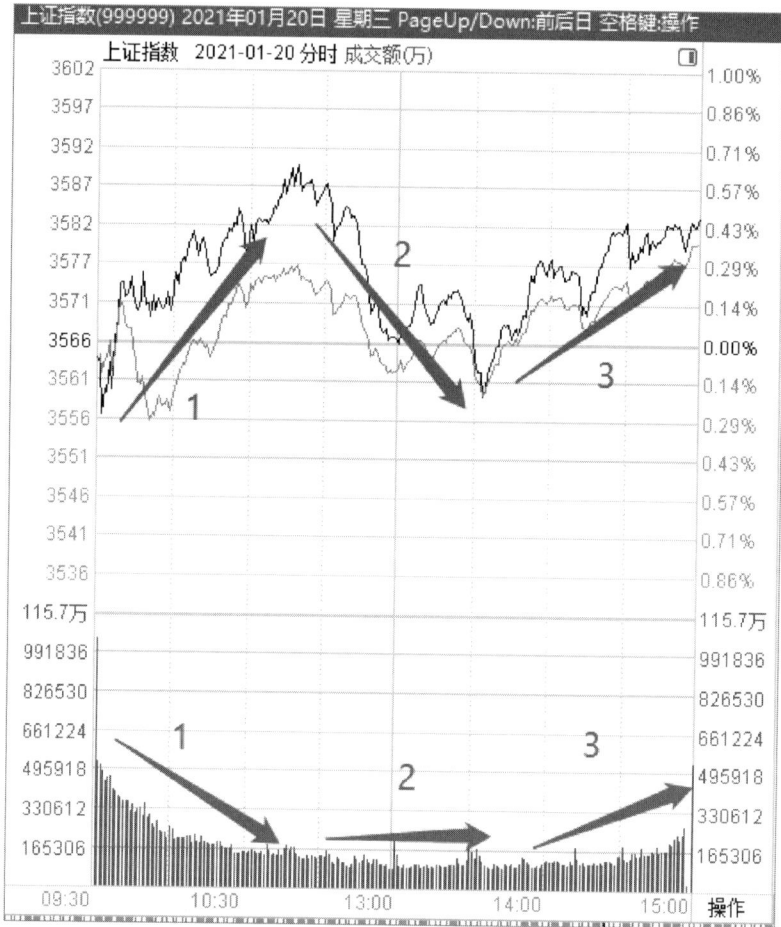

下图所示是近三天的分时线，我们可以清晰地看到：1月20日上午拉升的成交量相对于前一个交易日是缩量，而1月21日上午拉升的成交量相对于前一个交易日是放量（这个区别很明显），所以，在1月20日上午拉升后，紧接着就是一个日内调整，而1月21日上午拉升后，下午在高位保持（这一点可从技术层面上分析得出结果）。

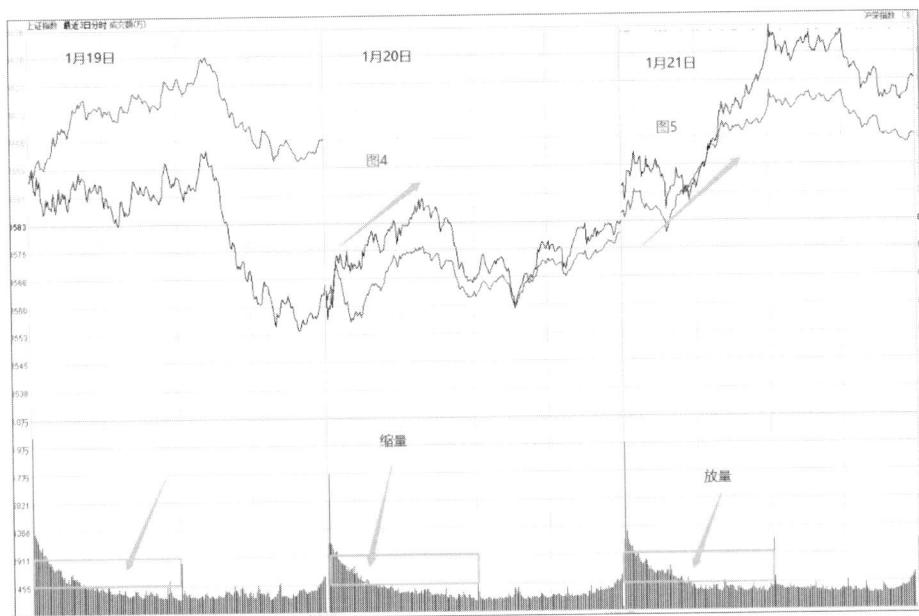

## 10.2　防守型板块的特点

防守型板块中的"防守"与行业特点高度相关, 我们可以将不同行业按照与经济的相关规律性分为三种: 增长型行业、周期型行业、防守型行业。其中增长型行业和整体市场经济的景气度相关性不高, 即使在经济衰退期也会保持一定的增长, 周期型行业随着经济的增长和衰退而增长或是衰退, 防守型行业和经济周期相关性不大, 无论整体经济增长还是衰退, 防守型行业的整体经营和发展状况都差不多。防守型板块里的"防守"就是脱胎于此, 比如食品行业、医疗行业、公用事业等。

因为这些防守型板块的公司, 经营的业务与经济周期的相关性不大, 比如, 无论经济好与坏, 人们总是会需要吃饭、看病吃药, 我们肯定不会因为社会经济整体的好坏而多吃两碗饭或是多吃两瓶药, 所以, 这些行业在资本市场上的表现相对稳定, 不像高科技行业那样具有超高的弹性和想象力。

在市场景气度比较高时，鲜有资金去关注这些防守型行业，但也正是由于金融机构在配置股票仓位时有仓位要求，那么，在其认为市场不会太好的情况下，就会选择配置防守型行业的股票，这也是为什么目前市场上存在的机构偏爱消费、食品、医药等板块，但散户并不是特别喜欢的原因，机构考虑最多的是资金安全，而散户考虑最多的是以小博大。

在市场操作过程中，防守型板块往往会呈现以下特点：

### 1. 市场景气度高时无人问津

因为防守型板块不容易随着经济活跃度的改变而改变，所以，在市场活跃时，无论是机构还是散户，除了必须配置长期仓位和各类定向基金信托外，其他资金大多都对此类板块不屑一顾，呈现出股价相对稳定、低波动的状态。毕竟，相对于上市十来年翻了几千倍的阿里巴巴、腾讯这些科技类股票的诱惑性，没多少人能满足防守型股票那点儿稳扎稳打的涨幅。

### 2. 当市场景气度差时，防守型板块呈现活跃状态

当市场景气度变差时，资金往往会关注防守型板块，这是因为股票市场的推动核心是资金，资金在哪里，哪里就有赚钱效应。当市场景气度差时，防守型板块因为其不随着经济周期波动而波动的特点反而会变成优势。

在牛市因为想象力而炒高的科技类等增长型板块，由于其估值远高于其本身的基本面，因此，在市场景气度差时，泡沫被刺破，跌幅巨大，而防守型板块恰恰由于有机构托底，短期会受到资金的关注。此时就会出现一种情况：市场指数始终没有太大的波动，反而那些防守型板块节节攀升。其中，2020年9月的白酒板块最为典型，下图所示是2020年9月8日—2020年9月30日白酒指数和同期上证指数对比。

### 3. 当遇到极为特殊的事件改变行业基本面时, 防守型板块也会变成增长型板块

万事万物都有例外, 防守型板块也是如此, 比如因为2020年初的疫情, 2020年上半年整个医药板块"走出"一波轰轰烈烈的主升浪。当然, 这也是其行业基本面的巨大变化。

### 4. 如果不是行业基本面发生根本性变化, 防守型板块但凡遇到加速, 必跌

类似于防守型板块, 比如白酒、食品、银行等, 只要行业基本面在没有本质变化的情况下加速, 一定要学会急流勇退, 防守型板块有所不同, 一旦在加速时追高, 基本上就是宣告"站岗"山顶了（股价处于最高位）, 如下图所示。

# 10.3　如何通过早盘半小时判断全天大盘氛围

大盘氛围到底是什么? 大家可以将其形象地理解为: 当天整体参与市场资金背后的人的情绪, 很显然, 如果大家情绪比较高涨就会出手, 购买的欲望就会增强, 表现在市场中就是涨停板增多, 而且涨停以后不容易开板, 场外资金入场欲望强烈。反之, 如果大家情绪比较低落, 影响买入的情绪, 导致卖出手中股票的欲望增强, 最后结果是大家都不愿意追高, 股价涨起来以后砸盘变多。简单归纳: 大盘氛围好, 大家容易赚钱; 大盘氛围差, 大家容易亏钱。但是这里要强调一点, 就是大盘氛围不能简单与指数涨跌对应, 指数涨跌又会受外部护盘因素的影响和一些权重因素的影响。

是什么因素决定大盘氛围的好坏呢?

答案是: 赚钱效应(即场内资金赚钱与否, 赚多赚少), 举一个例子: 我们前一天买了十只股票, 然后第二天每只股票都上涨5个点以上, 那么我们会怎么想? 我们很可能打算把其中一些股票卖掉, 然后满怀希望地买入下一只股票。反之, 如果我们前一天买入十只股票, 第二天平均每只股票都亏5个点以上, 那么我们又会怎么想, 我们会卖掉, 然后小心翼翼操作甚至不再轻易入场, 保护好仅剩的本金。这就是赚钱效应对大盘氛围影响的根本所在。因此, 我们在盘中应该怎么去判断该大盘氛围呢?

竞价在9:15—9:25这十分钟里比较有效的时间段是9:20—9:25, 在这五分钟的时间段, 我们应该观察两个板块: 一是昨日涨停板块、昨日连板板块; 二是昨日震荡板块。下面我为大家拆开分析。

## 1. 昨日涨停板块、昨日连板板块

如果开盘状况较为不错则代表着大部分人可以挣钱。这大部分人真正挣钱后, 大概率是继续买入。但如果亏钱了, 那么这大部分人、资金就会选择缓一缓。而昨日涨停板块和昨日连板板块则代表着风险偏好最高的那部分人群的参与情况,大家知道风险和收益应该是对应的, 既然选择高风险, 那么这群人应该期待高收益, 哪怕是赚钱收益不高也不行, 而一旦这群人如果集体被闷, 那么他们肯定就不会再选择继续买入, 也就意味着这些代表高风险的高位股票就不能再碰了。

**2. 昨日震荡板块**

它用来观察"核"按钮("核"按钮是指前一天冲高回落的股票里的资金进行大幅杀跌止损的行为), 假如没有"核"按钮则代表着抄底的人很积极, 前一天套牢的资金也能够从容出场, 那么指数就不会掉下来, 就算掉下来也会有承接。而"核"按钮若是太多, 恰恰亏损效应可以传导。

所以, 结合竞价基本可以判断出一个大概: 如果昨日涨停板块、昨日连板板块和昨日震荡板块表现都好, 那么就买入, 反之则不动。如果一个好一个坏, 则意味大盘氛围不好不坏, 属于能赚钱但赚钱难度略微大一点, 这时就需要仓位来控制你这种纠结。

当然, 竞价观察并不完全是如此简单, 大家还要结合市场整体特色, 综合观察标的, 比如妖股(市场上涨幅最高, 超过5连板、趋势$n+n$板或是趋势股)如果第二天一早大幅度杀跌, 会给风险偏好资金带来非常负面的影响。另外, 大家还要研究前一天的冲高回落, 长上影线存在很多套牢盘的股票, 是否有快速资金做反包, 以降低场内资金亏损。这种对场内资金的友好程度也会影响场内情绪。由于该情绪的传递速度非常快, 所以, 竞价结束后基本上就会有一个基础判断了。

# 10.4　通过期指预判指数波动

大家在市场中是否经常随意靠感觉来做T, 随意买卖, 为了增加利润却经常卖早了或越套越深, 同一个标的频繁做T的资金反而不如持股不动的资金, 这是为什么呢? 绝大多数的股民可能不清楚是什么原因, 下面为大家揭开这层面纱。

有几类问题经常困惑大家（在我的专栏后台也有很多朋友会经常提问），比如"如何做T？""下午指数会大跌或涨吗？""做T应该先买还是先卖？"等，我统一把它们归类为一个核心问题——"指数的短期走势到底能不能预判？"。大家之所以有这些疑问，归根结底是不明白买卖股票的行为本质是对未来预期的博弈。即使大家提前一天掌握明天的确定性，也足够在交易市场"自由发挥且游刃有余"。但仅凭这点，要对市场走势的点位进行精确判断，肯定不行。幸好大家可以通过衍生品还有市场的交易信号提前判断接下来的市场动向，比如，我在2020年5月7日预测的那样——分析期指基本上可以判断是多头平仓导致，意味着大盘在短暂萎靡之后会继续向上。

下图所示是2020年5月7日的大盘分时线，当天大盘一直盘整（2866～2885）。

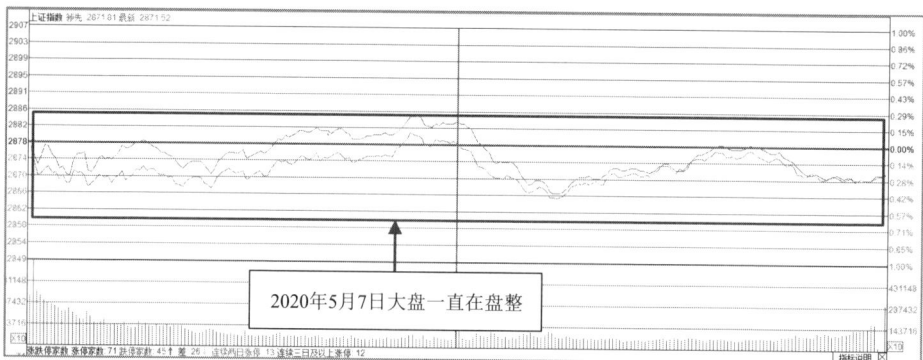

2020年5月7日大盘一直在盘整

在2020年5月8日的走势（2880～2905）相对于5月7日大涨。

很多朋友可能不明白这是怎么做到的，其实很简单，通过期指预判大盘短期走势（它是T+0交易员的基本功），虽然该方法目前市场上会用的股民并不多，但是该方法确实非常适用于短线交易、对日内做T和对股指期货感兴趣的专业投资者。

尽管是出于避免判断模式的过度传播或是一点点私心在纠结是否要向大家分享该方法，加上该方法绝对不能从教科书上或者其他地方学到，投资机构中也没有太多能掌握股期联动之间的规律，做两个品种并且能发掘其中规律的投资者更是少之又少，但是为了让大家在本书里学习到更深层的知识，我也只能忍痛割爱、倾囊相授了。

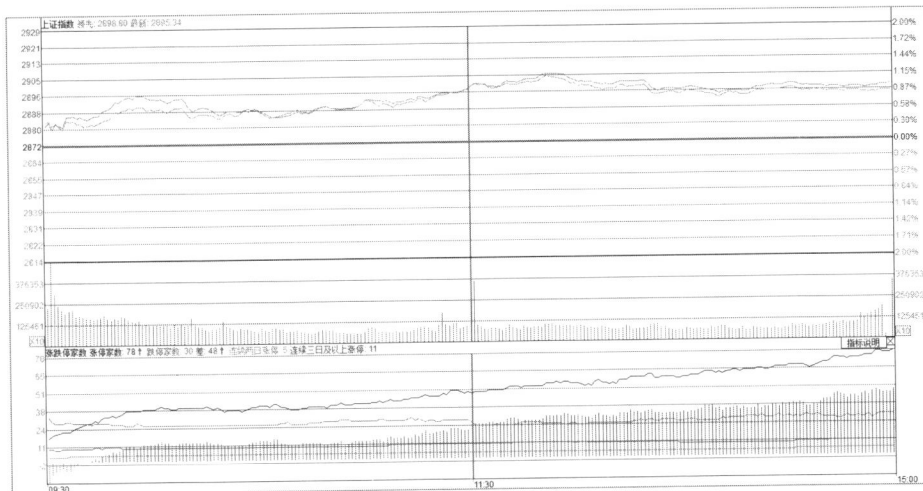

可能大家听说过这样一句话："只跟随不预判"，大家可以简单理解为：在短线交易中，不去预判大盘的走势，而是大盘走势确定后，再根据确定性做相对应的交易。我不能否认这句话曾经在市场上的适用，之所以曾经适用，是因为在A股股权分置改革以前的投资者大部分以散户为主，整体的投资素质较低。

但最新数据显示，目前A股的流通市值的60%被持有在机构手中。这就意味着，类似于以前那种模式失效了。另外，信息网络的传播也让大部分散户变聪明，让大家明白了：若想成为市场中的赢家，必须要用更锋利的武器来武装自己。

下面我为大家讲解如何通过股指期货的走势去预判大盘的短期动向。

股指期货是什么？它是指以股价指数为标的物的标准化期货合约，双方约定在未来的某个特定日期，按照事先确定的股价指数大小，进行标的指数的买卖，到期后通过现金结算差价来进行交割。即投资者通过对相应指数的预判来开仓的一种投资品种。

大家可以形象地理解为：投资者如果认为未来指数要跌，就开空单；如果认为指数要涨，就开多单。后期指数如果按照投资者的意愿发展，就会获益。如果与投资者预判相反，就会亏损。这样我们就会发现，股指期货是一种天然代表着对指数未来走势的反映。那么，这种反映就可以应用到市场中。而在后来的市场演变过程中，股市又有了新的变化，我们随即发现：大资金可以通过操控股指期货来影响大盘走势。

另外一个重要的点是：股指期货是一手空单对应一手多单。由于其重要性，所以在研判股指期货走势时，成交量并不重要。因为无论成交多少，空单和多单的手数都相同，其中非常重要的一个指标不是成交量，而是持仓量，这是做期货和做股票的最大不同。成交量的多少代表着资金对后市多空观点分歧的大小程度，而持仓量和期指走势的结合判断，可以判断出多空双方资金的强度。

真正做股指期货的人虽然很少，但是它真正可以用来作为大盘走势的参考。为了形象地说明，进而帮助大家更容易理解它，我用2020年5月7日大盘分时线的走势举例，如下图所示。

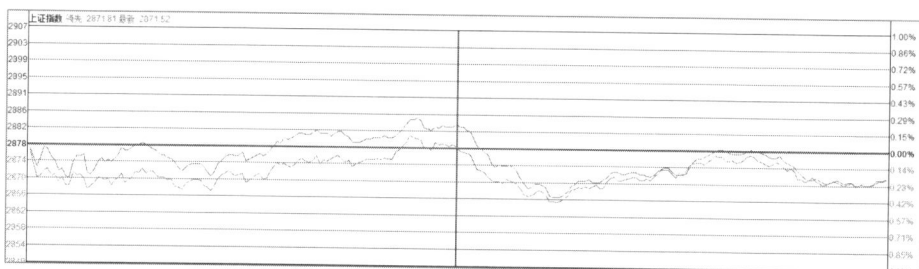

下图所示是2020年5月7日的股指期货走势。

当时大盘处于前一天大涨，第二天盘整的一个状态，无论从哪里都看不出后续紧接着上涨的点。

我们注意到期货的两点走势：一是股指期货的走势是平盘开盘小幅下跌，二是持仓量的变化。这里持仓的合约减少（持仓量减少引起的趋势不可持续，后文会提到这一点）。这意味着早晨到正午期货市场的下跌是由持仓减少引起，进一步可以推断：该期货下跌是由多头平仓带动（因为一个空单对应一个多单，那么多单主动压价平仓就会导致期货的下跌），我们再结合后面的走势1和2，很明显就可以确定，这里下跌是由多单主动平仓导致，而平仓后的结果是股指期货有很多资金从场内撤出，且这部分撤出的资金是以多头平仓为主导。

那么，再进一步考虑，多头出局后看到指数下来会怎么办？这里我们可以换位思考——如果我们在做股票的时候，长期参与的一个标的涨了不少，然后我们把它逢高卖出，卖出之后，该标的又大跌，你会怎么办，会不会觉得很爽，然后快速地把它买回来。同理，注定这部分平仓的资金会在大盘跌下去前"加"回来，只要一旦进行"加回来"操作，就意味着多头主动开仓，导致大盘会上涨。

同时，这里还有一个期货方面的常规判断（多单和空单平仓导致持仓量下降所引起的大盘趋势不可持续），背后的原理非常复杂，大家容易在理解上出现偏差导致更大错误或是损失，大家只需要记下结论（在投资中直接应用）：多空双减，持仓降低，大盘原来趋势不持续（该结论很重要，我做的很多次判断之所以都能正确，秘密就在于此）。

在判断出大盘趋势不持续且要变盘后，未来大盘走势是向上变盘还是向下变盘？可按刚才的思路做出预判——期货的走势是由多方引领还是由空方引领？再结合外部消息之类的因素综合考虑。这里我直接把结论给大家：

多方引领大盘的表现有以下两个方面：

（1）期指上涨，期货持仓量增加；

（2）期指下跌，期货持仓量减少。

空头引领大盘的表现有以下两个方面：

（1）期指下跌，期货持仓量减少；

（2）期指上涨，期货持仓量增加。

当然，以上分析只是存在于没有外力条件和消息的情况下纯技术面的分析，这种分析是建立在对股指期货和大盘联动的充分认知之上，而且大家还要明白的一点是，在大盘运行过程中要看清到底是期货主动带领着大盘走还是大盘主动带领着期货走。大家可以通过这两个品种的分时线的先后进行判断，但是我要明确提出一个最重要的结论——期货走势对大盘的影响力远远大于大盘走势对期货的影响力（这个结论不需要大家去寻找原因，这是像公式一样的定律，记住就行）。

大家可以理解为：如果有大资金强行托住期货市场，它是能够在短期内改掉大盘的短期走势，但如果有大资金同时在期货市场和股票市场做相反操作，那么最终短期内的大盘走势会遵循期货市场的走势。

【补充：万事不绝对，通过期货市场的走势判断大盘走势，只能判断短期内的走势，期货对现货的影响也是如此，这也是为什么我强调该方法只适合短线交易，不适合中长线投资者的原因。

虽然有一部分朋友在短时间内不一定能完全吸收并理解关于期货市场的知识，不过也没有关系，随着大家在资本市场上的经验不断增加、知识体系维度的增加，终究会在某一天突然领悟。毕竟股市和期货本身就是差距很大的两个交易品种，而且期货的难度比股票大很多，风险也大很多。加之期货市场纯粹是技术分析而不是对基本面的逻辑分析，并且期货的杠杆很高，所以，参与其中的投资者中100个人就会有99个人亏损。虽然建议大家不要参与其中，但一定要掌握它的相关知识和分析，这样，无论对在短线看盘、大盘趋势变化还有日内做T，都会有巨大的帮助。】

最后需要提醒一点，期货和指数的联动规律远远不止我在本节所讲解的几个方向，另外还与升水、贴水、远期品种、近期品种等高度相关，而且真实市场中还会出现消息面和裁判下场踢球的情况，这些情况都可以对短期走势产生很大影响，因此，需要大家长期在市场摸索之中不断增加看盘经验和情绪控制能力。